Blühende Gärten in allen Jahreszeiten

Blühende Gärten in allen Jahreszeiten

Praktische Ideen für neue Blumenbeete und bunte Sträusse

Rosemary Verey

Fotos von
Linda Burgess

DuMont Buchverlag Köln

Folgenden Personen und Gesellschaften gilt unser Dank für ihre bereitwillige Hilfe und Unterstützung: Fiona Barnett; Rosemary Butler; Audrey Clark and Giles Clark; Eve's Lace, Antiquarius, 135 King's Road, London SW3; The Gallery of Antique Costume and Textiles, 2 Church Street, London NW8; Julia Hodgkin and Ernestine Dyer, The Flower Shop, The Heal's Building, 196 Tottenham Court Road, London W1; Mrs Monro, 11 Montpellier Street, London SW7; Pillows of London, 48 Church Street, London NW8; Richard Edwards Ceramics, The Endell Street Place, Endell Street, London WC2; Ann Lingard, Rope Walk Antiques, Rye, Sussex; Tobias and the Angel, 68 White Hart Lane, Barnes, London SW13; Mary Verey; Timothy Walker.

Aus dem Englischen von Annette Roellenbleck

CIP-Titelaufnahme der Deutschen Bibliothek

Verey, Rosemary:
Blühende Gärten in allen Jahreszeiten: praktische Ideen für neue Blumenbeete und bunte Sträuße / Rosemary Verey. Fotos von Linda Burgess. [Aus d. Engl. von Annette Roellenbleck]. –
Köln: DuMont, 1990
Einheitssacht.: The flower arranger's garden <dt.>
ISBN 3-7701-2451-0

Satz: Fotosatz Harten, Köln
Printed in Hong Kong
ISBN 3-7701-2451-0

INHALT

EINFÜHRUNG

Dies Buch ist ein Buch für Gärtner, die sich auch als Blumenbinder verstehen – für Leute also, denen es Freude macht, mit Korb und Schere durch den eigenen Garten zu gehen und zu überlegen, was sie schneiden und wie sie das Geschnittene im Haus arrangieren können. Ich hoffe, daß das Buch Wege weist, das anscheinend Unmögliche zu erreichen – viele Blumen und Blätter zum Schneiden zu haben und gleichzeitig volle farbenprächtige Rabatten im Garten genießen zu können. Das setzt eine Menge an Überlegungen, genaue Planung und die Fähigkeit voraus, Pflanzen nicht nur zu ziehen, sondern auch sorgfältig zu schneiden. Auch an Phantasie darf es dabei nicht fehlen.

Zu dieser Fähigkeit gehört auch, dafür Sorge zu tragen, daß die Farben derjenigen Blumen, die gleichzeitig blühen, zueinander passen, sich gut mischen lassen oder gegenseitig ergänzen. Dasselbe gilt auch für das Laub: Das Beiwerk Ihrer Sträuße ist genauso wichtig wie der Hintergrund Ihrer Rabatten, und deshalb sollten Sie genügend immergrüne und laubabwerfende Sträucher anpflanzen, um jederzeit Blätter und Zweige zur Verfügung zu haben.

Für mich ist es unbedingt notwendig, als Teil des dauernden Lernprozesses über alles, was Gartenarbeit und Gartenpflege angeht, immer ein Notizbuch – möglichst mit festem Einband – zur Hand zu haben, in dem ich mir Blumenkombinationen notiere, die mich begeistert haben, und in das ich Pflanzen eintrage, die ich gerne in meinem Garten ziehen und in meinem Haus sehen würde. Sie meinen vielleicht, daß Sie diese auch so im Gedächtnis behalten werden, aber ich versichere Ihnen, daß das eben nicht der Fall ist. Ich rate Ihnen auch, eine solche Liste mit einigen Anmerkungen über Höhe, Farbe, Wachstumsbedingungen und – was besonders wichtig ist – Blütezeit zu versehen. Notieren Sie sich auch den Platz in Ihrem Garten, den Sie für die jeweilige Pflanze im Auge haben. Bis Sie die Pflanzen gekauft haben, mögen sich Ihre Farbvorstellungen und Ihre Planungsideen geändert haben, aber Ihre Notizen erinnern Sie daran, warum Sie es erst anders machen wollten.

Mit zunehmender Begeisterung und Erfahrung wächst auch die Fähigkeit, mit dem zur Verfügung stehenden Platz hauszuhalten, d. h. über all die ungenutzten Gartenecken, die für Rabatten zu klein sind, in denen sich aber doch noch Blumen unterbringen lassen, nachzudenken und sie geschickt auszunutzen, manche Pflanzen als ›Kleiderständer‹ für Kletterpflanzen zu verwenden, von denen sie malerisch herabhängen können, und sich daran zu gewöhnen, Beete gewissermaßen in Schichten zu bepflanzen. Der Blumenbinder in Ihnen wird über das zusätzliche Schnittmaterial dankbar sein, das ihm diese Kunstgriffe das ganze Jahr über beschert.

Ich glaube, daß sich die Kunst, Blumen zu arrangieren, gewandelt hat. Immer weniger gefallen uns die sehr strengen, fast steifen Buketts, die seit dem letzten Krieg in Mode waren. Ich bewundere diese wunderschönen Sträuße aus teuren Floristenblumen zwar, die oft von anderen Kontinenten zu uns herüberkommen, aber eine Vase voller Wildblumen, so zwanglos zusammengestellt, wie sie auch auf einer Wiese wachsen könnten, ist mir mindestens genauso lieb.

Wenn Sie darüber nachdenken, werden Sie wahrscheinlich feststellen, daß Sie manche Blumen ganz besonders gern mögen und andere weniger. Teehybriden oder Damaszenerrosen? Margeriten oder Pfingstrosen? Hortensien oder Christrosen? Um einen ausgewogenen und üppigen Garten zu bekommen, sollten Sie versuchen, Ihre natürlichen Vorlieben auf ein breiteres Pflanzenspektrum auszudehnen, damit Sie für Ihre Rabatten über das ganze Jahr hinweg Rhythmus und Vielfalt an Formen, Texturen und Farben erzielen. Der Umfang dieses Buches hat es nicht erlaubt, mehr als vierundsechzig Pflanzen im Detail zu besprechen, aber ich hoffe, die Größe Ihres Gartens läßt Ihnen Spielraum für eine vielfältigere Pflanzenauswahl.

Wenn Sie versuchen, die Menge der Arten in Ihrem Garten zu vergrößern, denken Sie daran, immer zwischen dem Garten vor und dem hinter dem Haus zu differenzieren. Ihr Vorgarten sollte das ganze Jahr über einen geordneten und farbenprächtigen Anblick bieten. Hier ist der Ort für zierliche, wohlgeformte Sträucher – Skimmia, Hebe, Ölweide, Santoline und Schneeball *(Viburnum tinus)* – und für Stauden mit dekorativen Blüten wie Iris, Funkie, Christrose und sogar Fetthenne. Hier lassen sich auch gut eine Fülle von Tulpen und Narzissen sowie Sommerblumen zwischen die Sträucher setzen. Die Sommerblumen können Sie selbst ziehen oder in einem Gartencenter kaufen. Eine Palette, die 10 Mark kostet, erbringt Schnittblumen im Wert von 100 Mark, und hundert Tulpenzwiebeln kosten nur ein Zehntel von dem, was man für dieselbe Menge Blumen im Laden bezahlt hätte.

Der Garten hinter dem Haus hat einen ganz anderen Charakter. Hier wollen Sie lesen, sich entspannen und unterhalten. Er sollte also einen Sitzplatz in der Sonne und im Schatten bieten, wo Sie von immer neuen Düften umgeben sind, und außerdem sollte er streng gegliedert, aber auf zwanglose Weise üppig und prachtvoll bepflanzt sein. In dem Kapitel über die Gartenplanung finden Sie hoffentlich eine Rabatte, die in ihrer Form, Größe und Lage auf Ihre besondere Situation zugeschnitten ist und die Ihnen vielleicht als Inspiration für eigene Ideen hilfreich sein kann.

Eine Bemerkung noch zum Abschluß: Pflanzen Sie immer nur das Allerbeste. Es nimmt nicht mehr Platz in Anspruch als das Zweitbeste, hat dabei aber den Vorteil, daß Ihnen später ungewöhnlichere Formen zur Verfügung stehen. Und irgendwann ist es dann einmal so weit, daß die spezielle Kombination der Arten in Ihrem Garten und Ihren Vasen Ihre ganze Persönlichkeit widerspiegelt und Sie einen eigenen Stil besitzen, auf den Sie stolz sein können.

DIE PLANUNG DES GARTENS

Das Aufregendste bei der Planung eines Gartens ist sein ständiger Wandel. Während Sie beobachten, wie sich der Garten vom Januar bis zum Dezember entwickelt, können Sie entscheiden und notieren, was Sie im nächsten Jahr Monat für Monat verbessern möchten. Auch Ihre Phantasie spielt dabei eine wichtige Rolle: ein Beet mit Frühlingsblumen vor Augen zu haben, wenn Sie im Herbst die Zwiebeln in die Erde stecken, oder sich vorzustellen, wie der Garten in ein paar Jahren aussehen mag, wenn neu gepflanzte Bäume und Sträucher gewachsen sind und ihren Platz ausgefüllt haben.

Wenn Sie besonders häufig und gerne Blumensträuße arrangieren, erhält die Planung und Bepflanzung Ihres Gartens eine zusätzliche Dimension: Sie möchten so viele Blumen und soviel Laub wie möglich pflücken und ins Haus bringen können, und trotzdem soll der Garten seinen Reiz behalten und nicht so wirken, als habe man ihn seiner Schätze beraubt. Auch Blüten und Laub müssen miteinander harmonieren. Es ist zwar schwierig, eine wirklich unpassende Kombination im Garten zu pflanzen, aber es bedarf doch sorgfältiger Überlegung, wenn Sie Blumen zum Schmücken Ihres Hauses einsetzen wollen.

✦

ÜPPIGE FARBTUPFER

Die Gold-, Karmesin- und Purpurtöne des Spätsommers – Montbritien, Sonnenbraut, Salbei, Goldrute und Fetthenne, die sich gerade rot färbt – in einer breiten Rabatte in großen Gruppen nebeneinandergesetzt, bieten einen reizvollen Anblick im Garten und liefern den ganzen Herbst über Schnittmaterial zum Schmücken des Hauses.

ERSTE ÜBERLEGUNGEN VOR DER PLANUNG UND BEPFLANZUNG

Bevor Sie sich daranmachen, Bäume auszuwählen und Ihre Beete zu planen, sollten Sie sich über Ihre Bedürfnisse und Ihren Lebensstil klarwerden. Dann vermeiden Sie viele Fehler, die am Anfang oft gemacht werden, und sparen Zeit und Geld. In welchen Monaten haben Sie die meiste Zeit, Blumensträuße zu arrangieren, und wann fahren Sie normalerweise in die Ferien? Während der Schulferien sind Sie vielleicht zu beschäftigt, um Blumen zu pflücken. Weiter gibt es sicherlich bestimmte Anlässe, zu denen Sie Ihr Haus immer gern voller Blumen haben möchten. Zu wichtigen Geburtstagen oder Jahrestagen, Hochzeiten oder Einladungen am Wochenende benötigen Sie größere Blumenarrangements, und wenn Sie Bridge oder anderes spielen oder gerne Freunde zum Abendessen einladen, wollen Sie gewiß zumindest einen Blumenschmuck für die Mitte des Eßtischs oder ein hübsches Arrangement für die Diele anfertigen.

Welche Art Blumenschmuck sagt Ihnen am meisten zu? Wenn Sie gerne große, imposante, formale Sträuße binden, benötigen Sie Zweige von schnellwachsenden Sträuchern, die sich gut als Hintergrund in einer Vase ausnehmen, höhere Stauden und kleinere Blüten – vielleicht Sommerblumen – mit ausdrucksvollen Blütenköpfen, mit denen Sie den Vordergrund füllen können. Wenn Sie, wie eine meiner Gartenfreundinnen, kleine zarte Dinge lieben und gerne zierliche Sträuße wie Schmuckstücke anfertigen, bei denen jedes Detail wichtig ist und Aufmerksamkeit auf sich zieht, sollten Sie Veilchen, Stiefmütterchen und Primeln statt Sonnenblumen, Rittersporn und Dahlien ziehen. Bevorzugen Sie aber rustikale Sträuße, die so aussehen, als hätte man sie blindlings in eine Vase oder einen Korb gestopft, deren anscheinend willkürliches Farbgemisch aber auf rätselhafte Weise herrliche Wirkungen erzeugt, dann haben Sie es einfacher: Je nachdem, wie Ihnen der Sinn steht, sammeln Sie hier und dort im Garten Material für Ihre Vasen und ergänzen es mit Funden von Feldern und aus Hecken.

Als nächstes betrachten Sie eingehend Ihr Haus mitsamt seiner Ausstattung. Überlegen Sie genau, an welchen Plätzen im Haus Ihre Blumenarrangements am besten aussehen könnten, wo sie das beste Licht haben und die größte Wirkung erzielen. Manchmal kann eine einzelne Blüte genausoviel aussagen wie eine ganze Vase voller Blumen. Wenn Sie den ganzen Tag über nicht zu Hause sind und den Wunsch haben, daß Ihre Räume am Abend besonders schön aussehen, dann wählen Sie Farben und Formen, die am besten bei elektrischem oder bei Kerzenlicht zur Geltung kommen. Es ist eine grundlegende Wahrheit, daß sich Pflanzen im Garten nur selten farblich nicht miteinander vertragen – Rosa-, Orange-, Rot- und Purpurtöne, Schattierungen von Blau, Gelb oder Grün bilden zusammen eine wunderbare Harmonie –, während im Haus die Blütenfarben auf Wände und Vorhänge abgestimmt sein müssen. Das mag selbstverständlich scheinen – die meisten unter uns verwenden gerne Farben, die miteinander harmonieren –, aber bestimmte Blumen – Rosen zum Beispiel – gibt es inzwischen in so feinen Farbnuancen, daß Sie mit Sicherheit den exakten Farbton finden können, der zu den Vorhängen Ihres Ankleidezimmers oder zu Ihrer Küchentapete paßt.

DUFT ZU JEDER JAHRESZEIT

Wenn Sie Ihre Pflanzen auswählen, dann vergessen Sie bei all Ihren Überlegungen hinsichtlich Farben, Blütezeiten und Wachstumsbedingungen nicht den Duft.

Der Winter bietet eine breite Palette duftender Sträucher: Winterblüte *Chimonanthus praecox* und Geißblatt *Lonicera fragrantissima,* einige Schneebälle *Viburna* und *Sarcococca.* Die am süßesten duftende kleine Zwiebelpflanze ist *Iris unguicularis,* die im Winter und zu Beginn des Frühlings blüht. Wenn Sie ein sonniges Fensterbrett haben, dann sollten Sie eine oder zwei der Pelargonien mit duftendem Laub ziehen, die im Sommer draußen stehen können. Zu meinen liebsten gehört *Pelargonium* ›Mabel Grey‹. Im Frühling könnten Sie alle duftenden Narzissen, Maiglöckchen, *Iris reticulata,* Duftblüte *Osmanthus,* Seidelbast, Mahonie und noch andere Schneebälle dazunehmen. Im Sommer gibt es so viele duftende Gehölze, daß ich sie hier nicht alle aufzählen kann. Aber vergessen Sie auf keinen Fall die Rosen. Der Herbst scheint nicht so freigebig mit Düften zu sein, aber Sie könnten vielleicht Binsenginster *Spartium junceum,* Myrthe und die beiden herbstblühenden Geißblätter *Lonicera japonica* ›Halliana‹ und *L. periclymenum* ›Serotina‹ verwenden.

Es gibt auch einige wenige Pflanzen, die am Abend und in der Nacht einen besonders starken Duft ausströmen. Oft bemerken Sie das erst, wenn Sie bei Einbruch der Dunkelheit durch den Garten schlendern. An einer geschützten Mauer sollten Sie vielleicht *Cestrum*-Arten ziehen – *Cestrum aurantiacum, C. nocturnum* und *C. parqui* verbreiten den stärksten Duft am Abend. Der Duft der Tabakpflanzen – *Nicotiana affinis* und *N. sylvestris* – wird stärker, sobald es zu dämmern beginnt oder die Pflanzen in ein warmes Zimmer gebracht werden.

VERGÄNGLICHE BLÜTENPRACHT *Das prachtvolle Schauspiel der Frühlingsblüten ist vergänglich und nur von kurzer Dauer; Stürme können schnell die Blüten entblättern und einen rosa oder weißen Teppich hinterlassen. Aber für mindestens eine Vase voller Frühlingszweige sollte es in jedem Fall reichen. Die ganze üppige Pracht aus weißen, blauen und hellgrünen Blüten – Flieder, Vergißmeinnicht, Traubenhyazinthen, Tulpen und Frauenmantel – warten nur darauf, zu einem herrlichen Strauß für ein Frühlingsfest oder für eine Hochzeit gebunden zu werden.*

DER SITUATION ANGEPASST *Ob Sie nun die Schattenecke einer Terrasse (ganz oben), eine sonnige Rabatte (oben) oder ein Beet, das sowohl Sonne als auch Schatten hat (rechts), bepflanzen, wichtig ist es, daß Sie die Bedürfnisse der Blumen und Sträucher und Gegebenheiten des Standorts in Einklang bringen.*

DER RICHTIGE PLATZ FÜR JEDE PFLANZE

Wenn Sie sorgfältig die Blumen und das Blattwerk ausgesucht haben, die Sie in Ihren Sträußen und Gestecken am liebsten verwenden möchten, dann stellen Sie eine Liste zusammen und vergleichen die Bedürfnisse Ihrer Pflanzen mit den Gegebenheiten Ihres Gartens und all seinen Problemstellen. Ordnen Sie die Blumen nach Kategorien: Schatten, Sonne, Feuchtigkeit; sie können Ihnen helfen, für Ihre Rabatten den bestmöglichen Platz im Garten zu finden. Wenn Sie neue Rabatten anlegen, können Sie sie vielleicht so gestalten, daß Ihre Lieblingspflanzen am besten zur Geltung kommen. Falls der Platz für Ihre Rabatten aber schon festgelegt ist, müssen Sie die Blumen auswählen, die am besten dorthin passen. Vielleicht brauchen Sie ein Beet in der Sonne und eines im Schatten. Denken Sie an den Unterschied zwischen der Nord- und der Südseite eines Inselbeets. Entscheiden Sie sich, ob Sie eine große Rabatte oder lieber zwei oder drei kleinere haben möchten. Ich glaube, es ist wichtig, Blumenrabatten vom Fenster aus genießen zu können.

Ziehen Sie möglichst viele Pflanzen selbst, aber verzichten Sie vielleicht auf solche Blumen in Ihrem Garten, die sich lange im Wasser halten, wie zum Beispiel Alstroemerien, Nelken und Chrysanthemen, und die Sie zu bestimmten Jahreszeiten preiswert beim Blumenhändler kaufen können. Machen Sie sich andere Eigenschaften gewisser Pflanzen zunutze als die normalerweise assoziierten – zum Beispiel Blüten oder Früchte hervorzubringen –, und lassen Sie die Pflanzen mehrere Funktionen zugleich erfüllen, d. h., uns zu bestimmten Jahreszeiten Blüten, Blätter und Beeren zu bescheren, empfindliche Pflanzen vor starkem Sonnenlicht zu schützen oder auch als Stütze für Kletterpflanzen zu dienen.

Wenn Ihnen all das durch den Kopf geht, sollten Sie darangehen, eine erste, wenn auch noch ungenaue Planskizze Ihres Gartens zu entwerfen. Zeichnen Sie zunächst die Form der Beete darauf ein, und gehen Sie dann hinaus in den Garten und markieren Sie mit Bambusstöcken und Bindfaden die Umrißlinien der Beete. Nehmen Sie darauf wieder Ihr Blatt zur Hand und zeichnen die ausgewählten Pflanzen ein, wobei Sie deren endgültiges Volumen berücksichtigen. Erst wenn Sie mit dem Resultat wirklich zufrieden sind, setzen Sie die Pflanzen selbst an die ihnen zugedachte Stelle oder bringen dort Stöcke mit den Etiketten der Pflanzen an, die Sie noch kaufen müssen.

Sich am Anfang diese Mühe zu machen, lohnt sich bestimmt, vor allem bei einem kleinen Garten. Wenn Sie ihn sorgfältig geplant haben, garantiere ich Ihnen, daß Sie staunen werden, wieviel Material für Sträuße er liefern kann, ohne die Wirkung Ihrer Anlage zu beeinträchtigen. Ein etwas größerer Garten, in dem eventuell mehrere Beete in unterschiedlichen Lagen Platz haben, erlaubt Ihnen, eine größere Pflanzenauswahl zu treffen, und erleichtert Ihnen die qualvolle Aufgabe, sich für diese oder jene Lieblingspflanze entscheiden zu müssen.

Befreien Sie sich aber als Gärtner vor allem von der irrigen Idee, daß man den Garten plündert, wenn man sein Haus mit den dort gedeihenden Pflanzen schmücken will. Mit Überlegung und einer einfallsreichen Bepflanzung können Sie beides miteinander verbinden.

EIN VORGARTEN

Dieses 8 Meter breite und an seiner längsten Stelle 12 Meter messende Vorgartenbeet, bei dem der Akzent auf Sommer und Herbst gelegt wurde, enthält genügend immergrüne Pflanzen und Frühlingsblumen, um ausreichend Material auch für Blumenarrangements im Winter und im Frühling zur Verfügung zu stellen. Es wurde für einen Vorgarten entworfen, bei dem sich auf einer Seite ein Tor befindet. Der Plan läßt sich auch umdrehen, falls das Gartentor auf der entgegengesetzten Seite liegt. Bei einem Haus mit breiter Front, auf die ein Weg in der Mitte des Vorgartens zuläuft, könnte das Beet spiegelbildlich verdoppelt werden.

Da ich annehme, daß Ihr Grundstück durch einen Zaun oder eine Hecke von der Straße und auch vom Nachbargrundstück getrennt ist, habe ich auf diesen beiden Seiten Bäume und Sträucher gepflanzt – fünf immergrüne Gehölze wegen ihres schönen Anblicks das ganze Jahr hindurch, fünf Gehölze wegen ihrer Blüte im Frühjahr bzw. im Herbst, und ein paar Gehölze hauptsächlich wegen ihrer Beeren im Herbst. Die beiden kleinen laubabwerfenden Bäume verleihen dem Beet eine gewisse Höhe: die Birne *Pyrus calleryana* ›Chanticleer‹, die pyramidenförmig wächst, zeichnet sich durch weiße Blüten und eine schöne Herbstfärbung aus, und der Zierapfel *Malus* ›Red Sentinel‹ hat glänzende scharlachrote Früchte, die den ganzen Winter über an den Zweigen hängen bleiben. Die immergrünen Sträucher – Ölweide *Elaeagnus* × *ebbingei* und Stechpalme *Ilex*, Schneeball *Viburnum tinus* und Becherkätzchen *Garrya elliptica* – bieten im Winter einen schönen Anblick und bringen auch Beeren und Blüten hervor. An die Ecke habe ich statt eines Baumes lieber einen immergrünen Strauch gesetzt. Er schien mir dort besser hinzupassen. *Hebe rakaiensis* und Rosmarin, die sich beide gut schneiden lassen, sollen die Ecken der Rabatten betonen. Die laubabwerfenden Sträucher wurden wegen ihrer Blütenpracht ausgewählt – Blutjohannisbeere *Ribes sanguineum* und Forsythie im Frühling, Sommerjasmin *Philadelphus* und *Kolkwitzia amabilis* im Sommer sowie später der Schmetterlingsstrauch *Buddleia fallowiana*.

Die Randbepflanzung orientiert sich an Blattformen und Blüten: Lungenkraut, Wollziest *Stachys lanata*, purpurblättriger Salbei *Salvia officinalis* ›Purpurascens‹, Narzissen, Jungfer im Grünen *Nigella damascena*, Funkien, Katzenminze *Nepeta mussinii* und Fetthenne *Sedum* ›Autumn Joy‹. Dahinter stehen Gruppen krautiger Pflanzen zusammen mit rosa Tulpen und Vergißmeinnicht, auf die weiße Dahlien, und weiße Narzissen, auf die Jungfer im Grünen folgen.

FRÜHLING

BEPFLANZUNGSSCHLÜSSEL

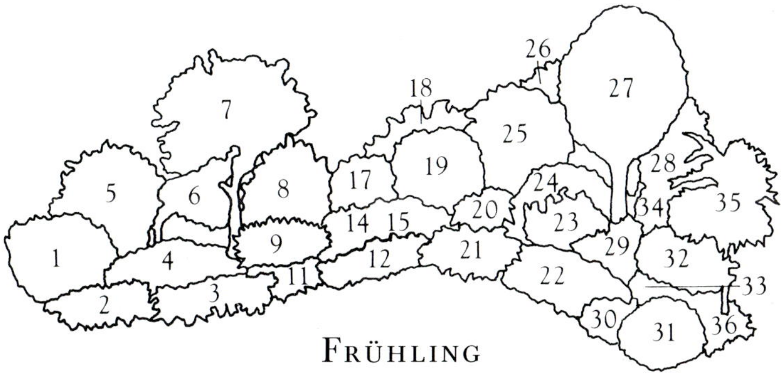

FRÜHLING

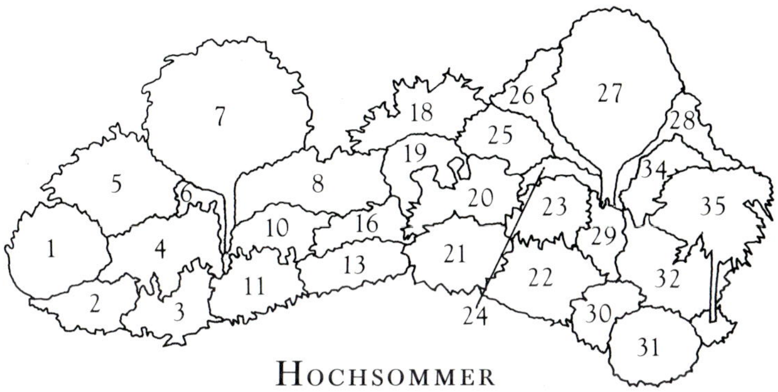

HOCHSOMMER

1 Rosmarin
2 Lungenkraut
3 Wollziest
4 Akelei
5 *Kolkwitzia amabilis*
6 *Clematis montana*
7 *Malus* ›Red Sentinel‹
8 *Garrya elliptica*
9 Narzissen (weiß)
10 Jungfer im Grünen
11 Purpurfarbener Salbei
12 *Primula* ›Barnhaven‹
13 *Viola cornuta* ›Belmont Blue‹
14 Tulpen (rosa)
15 Vergißmeinnicht
16 Dahlien (weiß)
17 *Viburnum tinus* ›Eve Price‹
18 *Buddleia fallowiana* ›Lochinch‹
19 *Ribes sanguineum* ›Brocklebankii‹
20 Agapanthus
21 Funkien
22 *Nepeta mussinii*
23 Sommermargerite
24 *Artemisia* ›Powis Castle‹
25 Forsythie
26 *Elaeagnus* × *ebbingei*
27 *Pyrus calleryana* ›Chanticleer‹
28 *Philadelphus* ›Belle Etoile‹
29 *Acanthus mollis*
30 *Sedum* ›Autumn Joy‹
31 *Hebe rakaiensis*
32 *Cornus alba* ›Elegantissima‹
33 Traubenhyazinthen
34 Ilex (grün)
35 *Cotoneaster* × *hybridus pendulus*
36 *Convallaria majalis*

HOCHSOMMER

BLUMEN PFLÜCKEN, OHNE DIE BEETE ZU PLÜNDERN

Pflanzen auszuwählen, die zueinander und in Ihren Garten passen, und sie vorteilhaft nach Höhe und Breite und Tiefe in den Rabatten zu gruppieren, sind zwei wichtige Aufgaben für den Gärtner, der auch Blumenarrangeur ist. Wenn Sie Beete und Rabatten dazu nutzen, Blumen für Ihre Sträuße zu ziehen und gleichzeitig einen schönen Garten zu gestalten, dürfen Sie nicht zu nachsichtig mit sich selbst sein und einer Pflanze zuviel Raum zugestehen, die während der Blüte zwar von hinreißender, aber schnell vergänglicher Schönheit ist und Blätter hat, die sich im Haus nicht verwenden lassen – wie zum Beispiel der Pfingstrose *Paeonia mlokosewitschii.* Sie müssen sich leider auf eine kleine Anzahl solcher Lieblingspflanzen beschränken. Ein oder zwei Funkien oder Christrosen z. B. liefern genug Material zum Schneiden.

Es gibt mehrere Kombinationsmöglichkeiten, die bei der Planung beachtet werden müssen: Pflanzen, die gleichzeitig blühen und einander im Garten und im Haus ergänzen, und die guten Kameraden, die gern dicht nebeneinandergepflanzt werden, aber zu unterschiedlichen Zeiten blühen. Es gibt Pflanzen, deren Blüten hübsch mit den Blättern einer anderen aussehen, und es gibt verschiedene Blätter, die sich gut miteinander kombinieren lassen.

GESTAFFELTE BEPFLANZUNG

Die in der Höhe gestaffelte Bepflanzung ist fast eine mathematische Übung. Bei sorgfältiger Planung können Sie es schaffen, daß der Raum über einem kleinen Stückchen Boden gleichzeitig von bis zu einem halben Dutzend verschiedener Pflanzen besetzt ist. Im Frühling könnten zum Beispiel direkt am Boden Vergißmeinnicht (die später ausgerissen werden) zwischen winterharten sommerblühenden Storchschnabelarten – *Geranium* endressii ›Wargrave Pink‹ oder *G.* ›Johnson's Blue‹ – blühen, die sich später ausbreiten und dieses Stück Boden bedecken. Früh- oder spätblühende Tulpen könnten durch diese Pflanzendecke hindurchwachsen, und der Spierstrauch *Spiraea* × *arguta* könnte im späten Frühling seine filigranen Zweige darüberneigen. Um dieses höhengestaffelte Pflanzschema nach oben hin noch auszuweiten, könnten Sie dazwischen einen Baum pflanzen, der im Frühling blüht und im Sommer hübsche Blätter trägt, vielleicht *Prunus* ›Amanogawa‹ oder *P.* × ›hillieri‹ oder aber die Gleditschie *Gleditsia triacanthos* ›Sunburst‹, deren auffallendes Laub nach dem Austrieb goldfarben ist und im Herbst gelb wird.

Für den Blumenarrangeur kommt es darauf an, soviel Material wie möglich in seinem Garten zu haben. Pflanzen Sie also ruhig mehr, als Sie voraussichtlich brauchen werden, vergessen Sie in diesem Fall aber nicht genügend Dünger einzusetzen. Pflanzen, die dicht nebeneinanderstehen, muß man im Herbst oder Frühling häufiger teilen. In einem kleinen Garten sollten die einzelnen Tuffs der gleichen Pflanzensorte nicht zu groß ausfallen. Vielleicht gibt es eine abgelegene Ecke in Ihrem Garten – hinter der Garage oder zwischen dem Gemüse –, die Sie speziell für Schnittblumen zum Schneiden vorgesehen haben und wo Sie zwei oder drei Extraexemplare von den Sorten unterbringen können, die Sie am meisten in Ihren Sträußen verwenden.

Verwerfen Sie nicht sofort die Idee, sich ein Schnittbeet anzulegen. Es braucht nicht besonders groß zu sein, Sie können dort aber jede Blume schneiden, ohne das Aussehen Ihrer Rabatten zu beeinträchtigen. Eine Gemüseecke läßt sich hübscher gestalten, wenn Sie sie mit einer üppigen Rabatte voller Sommerblumen und Stauden umgeben. In echten Bauerngärten findet man tatsächlich häufig zwischen Karotten- und Kohlreihen ganze Bänder von Schnittblumen.

Blumen, die nach dem Schneiden wieder austreiben

Blumen, die nach dem Schneiden neu austreiben, sind ein wahrer Segen für einen Blumenarrangeur. Sommermargeriten *Chrysanthemum maximum* und die gelbe Färberkamille *Anthemis tinctoria* sind die ersten, die mir in den Sinn kommen: Beide bringen bald nach dem Schnitt neue Blütentriebe hervor. Der Staudenrittersporn *Delphinium elatum* und der einjährige Rittersporn *D. ajacis* besitzen über die ganze Länge ihrer Stiele zusätzliche Blütentriebe; wenn man den Haupttrieb entfernt, können sich diese Seitentriebe besser entwickeln. Wenn Sie so verfahren, verzichten Sie zwar auf Höhe, gewinnen aber üppige Farbenpracht. *Primula polyantha (elatior)* und deren Gartenformen setzen eine Menge Blütentriebe an, die sich nach und nach entwickeln, so daß man ohne weiteres ein paar der ersten abschneiden kann. Pflücken Sie sie, sobald sich die ersten Blüten am Stiel geöffnet haben, und nach ein oder zwei Tagen werden in der Vase noch mehr Blüten aufgehen. Das frühblühende Lungenkraut hat die gleichen nützlichen Eigenschaften, und auch Veilchen und Stiefmütterchen lieben es, gepflückt zu werden.

Sie werden im Laufe der Zeit lernen, die Blüten zu entdecken, die sich wie schüchterne Menschen auf einer Party hinter Blättern oder hintereinander verstecken. Pflücken Sie sie und geben Sie ihnen einen bevorzugten Platz in einem Blumenarrangement. Sie können in der gleichen Weise mit Sträuchern verfahren: Wenn die Rückseite des Strauchs weniger kräftig ist als die Vorderseite, dann sollten Sie die Vorderzweige stark zurückschneiden – fast bis auf den Hauptstamm –, damit die Zweige dahinter mehr Licht bekommen.

ÜPPIG BEPFLANZTE RABATTEN *Eine dichte, überreiche Bepflanzung gibt Ihnen die Gewißheit, daß die Rabatte nicht geplündert aussieht, wenn Sie Blumen für Ihre Sträuße geschnitten haben (links). Aber der Boden muß gut gedüngt sein, wenn er Pflanzen in dieser Menge ernähren soll.*

DIE DRITTE DIMENSION AUSNUTZEN *Der Wollziest* Stachys lanata *am Fuß der blaßrosa Rose ›Gruß an Aachen‹, der dahinter sich erhebende purpurfarbene Perückenstrauch* Cotinus coggygria *und die darüberhängende Kletterrose ›Parade‹ als Abschluß schaffen zusammen eine vertikale Abfolge.*

ZWISCHENRÄUME NUTZEN *Mit bodendeckenden Pflanzen, die man zwischen langstielige wie Glockenblumen (ganz oben) oder Astern (oben) setzt, nutzt man den Raum maximal aus und verschönert gleichzeitig die Rabatte. Sie liefern auch geeignetes Beiwerk für kleine Sträuße und den Fuß eines Gestecks.*

Bodendeckende Pflanzen

Bodendeckende Pflanzen eignen sich gut für problematische Standorte und mehr oder weniger versteckte Bereiche. Unter Bäumen, wo es vielleicht sehr trocken ist, sollten Sie es mit einem Teppich aus immergrüner *Pachysandra terminalis* versuchen. Im frühen Frühjahr zeigt sie glitzernde weiße kresseartige Blüten, die purpurfarben gesprenkelt sind. Andere Pflanzen, die einen schönen Teppich unter Bäumen bilden, sind Bergenien und die einzige kalkliebende Steinsame *Lithospermum caeruleum.* Die Immergrünen *Vinca major* und *V. minor*, die auch in magerem Boden und an schattigen Orten gedeihen, liefern unzählige kleine sternförmige Blüten in Blau, Mauve und Weiß.

Der Vorteil dieser bodendeckenden und anderer Pflanzen wie Efeu, Tränendes Herz, Elfenblume *Epimedium*, Steinbrech *Saxifraga menziesii*, Taubnessel und Frauenmantel *Alchemilla mollis* besteht darin, daß Sie eine Menge Blätter pflücken können, ohne das Gesamtbild zu beeinträchtigen.

Farne haben ähnliche Eigenschaften wie bodendeckende Pflanzen; sie sind widerstandsfähig und langlebig und können in ungenutzten Ecken, die nicht zur Rabatte gehören, untergebracht werden.

Keinen Raum verschenken

Sie werden entdecken, daß die Wachstumsgewohnheiten vieler Pflanzen Ihnen Gelegenheit geben, andere Pflanzen ringsherum dazuzugesellen oder darunterzusetzen. Zunächst einmal gibt es die krautartigen Pflanzen, die besonders hoch werden und ein unordentliches Aussehen bekommen, wenn unten die Blätter absterben – wie zum Beispiel Rittersporn und Phlox. Deshalb rate ich Ihnen, niedriger wachsende Pflanzen wie Indianernessel, Katzenminze *Nepeta* ›Six Hill Giant‹, Wolfsmilch *Euphorbia palustris* oder *E. characias wulfenii* unmittelbar davorzusetzen. Dann gibt es die immergrünen Sträucher – Skimmien, Mahonien, Duftblüte *Osmanthus* und Rosmarin –, deren niedrigere Zweige insbesondere im Alter laubfrei sind. Wählen Sie für den Vordergrund eine Pflanze aus, deren Blätter die immergrünen Gehölze in Farbe und Textur ergänzen. *Tellima grandiflora* ›Purpurea‹ könnten Sie zum Beispiel vor eine Mahonie oder eine Duftblüte setzen. Schnittlauch oder Schlangenbart *Ophiopogon planiscapus* ›Nigrescens‹ mit ihren dunklen purpurfarbenen bandförmigen Blättern lassen sich hübsch rings um Rosmarin pflanzen, und *Carex elata* ›Bowles golden‹ oder Blauschwingel *Festuca glauca* könnten hübsch eine Skimmie umgeben. Zu guter Letzt gibt es noch die laubabwerfenden Sträucher wie Sommerjasmin *Philadelphus,* Forsythie, Flieder, Jasmin *Jasminum officinale* und Kolkwitzie, deren kahle Winterzweige von blühenden Pflanzen und Zwiebelgewächsen umgeben sein sollten, bevor sie ihre eigenen Blätter austreiben. Hier würde ich an Christrosen, *Iris reticulata*, Schneestolz *Chionodoxa, Scilla* und Gemeinen Hundszahn *Erythronium dens canis* denken.

Die Sträucher mit auffallend farbigem Geäst – Hartriegel und Weide – können alleine stehen, aber falls Sie sie gerne mit Zwiebelgewächsen unterpflanzen wollen, können Sie mit einem Teppich leuchtendgelber Winterlinge *Eranthis hyemalis* schöne kontrastreiche oder ergänzende Wirkungen erzielen, bevor die Gehölze ihre roten oder gelben Äste begrünen, oder aber blasse Narzissen könnten den Ton der jungen, sich gerade öffnenden Blätter aufnehmen.

Frühlingsblühende Zwiebelpflanzen stehen immer zur Verfügung, um große Farbflecken zu bilden, wo immer es in der Rabatte möglich ist – entweder an deren Rändern oder in der Mitte. Ich habe weiße Krokusse in die Mitte meiner Rabatten gepflanzt, und an klaren sonnigen Tagen bieten sie einen wunderschönen Anblick. Wenn sie blühen und dann vergehen, werden ihre welkenden Blätter vollständig von dem frischen Laub der krautigen Pflanzen überdeckt. *Iris reticulata* sollte unbedingt in ihrer Nähe stehen; pflanzen Sie sie deshalb an die Ecken Ihrer Rabatten zwischen Wollziest *Stachys lanata*, Primeln, Veilchen und Glockenblumen *Campanula carpatica* oder *C. garganica.* Frühblühende Narzissen lassen sich hübsch zwischen Akelei, frühblühende Tulpen *Tulipa kaufmanniana* zwischen Primeln *Primula polyantha* setzen. Wenn diese Zwiebelgewächse ungestört bleiben, breiten sie sich ganz natürlich aus. Ich rate Ihnen aber dringend, keinen durchgehenden Blütenteppich mit auffallend farbigen Zwiebelgewächsen anzulegen, sondern andersartiges Laub dazwischenzusetzen, um ihre leuchtenden Grundfarben abzumildern und ihre steifen, etwas plumpen Blätter zu umschmeicheln.

Goldlack und Vergißmeinnicht sind ein wesentlicher, wenn auch nur kleiner Bestandteil eines Frühlingsgartens. Tulpen lassen sich großzügig dazwischensetzen (die Narzissen sind bereits verblüht, wenn Goldlack und Vergißmeinnicht in voller Blüte stehen). Wählen Sie Tulpen mit interessanten Formen aus – vielleicht solche mit lilienartigen Blüten oder mit gefransten Blütenblatträndern. Einige der gefüllten oder halbgefüllten Varietäten sind ganz außergewöhnlich schön: ›Peach Blossom‹ ist dunkelrosa und weiß geflammt, und ›Angelique‹ hat ein pastelliges Rosa.

Sobald ihre Blüten verwelkt sind, müssen Goldlack und Vergißmeinnicht (beide zweijährig) herausgenommen werden. Zur gleichen Zeit sollten Sie auch die dazwischengepflanzten Zwiebeln herausnehmen und aufbewahren, um sie im nächsten Jahr wieder zu verwenden. Auf diese Weise schaffen Sie sich leere Stellen, in die Sie ein- und zweijährige oder halb winterharte Pflanzen setzen können.

Farbakzente mit einjährigen Pflanzen

Viele Gärtner spotten über einjährige Pflanzen, weil sie sie an städtische Grünflächen erinnern; ich bin aber der Auffassung, daß sie viele Vorzüge besitzen. Sie blühen über mehrere Wochen, kommen in allen Farben, wachsen oft nach dem Schneiden wieder nach und halten großenteils gut in der Vase.

Diese sogenannten Sommerblumen haben den Stauden viel voraus. Das einjährige Schleierkraut ist reinweiß und wächst sehr schnell; das mehrjährige Schleierkraut dagegen braucht ein oder zwei Jahre, bis es überhaupt zu blühen beginnt. Genauso fasziniert mich, obwohl der Staudenmohn *Papaver orientalis* eine wunderbare Rabattenpflanze ist, ein Flecken mit einjährigem Islandmohn *Papaver nudicaule* und mit Schlafmohn *P. somniferum* ›Paeoniflorum‹ bei der Gestaltung meiner Rabatten immer wieder. Die neue englische Züchtung *P. somniferum* ›Hen and Chicken‹ hat winzige Samenkapseln, die sich um die Hauptsamenkapsel gruppieren und herabhängen; deshalb ist sie eine reizvolle Zutat für Trockengestecke oder -sträuße.

Ziehen Sie nicht nur die üblichen Sommerblumen wie Löwenmäulchen und Petunien, sondern erweitern Sie Ihr Repertoire mit Cosmeen, Nemesien, Kornblumen, Clarkien, Godetien und Bartfaden. Bartfaden kann wie einjährige Pflanzen gekauft und in eine Lücke gesetzt werden, obwohl einige der Staudenzüchtungen den Winter überstehen.

Die Sommerblumen prangen in wundervollen Farben. Besonders gern mag ich die Kurzhaarige Rudbeckie *Rudbeckia hirta* ›Rustic Dwarfs‹ in Gold, Braun und Mahagoni und die Sorte ›Marmalade‹ in einem vollen Goldorange-Ton. Sie bilden eine auffallende Gruppe im Garten; überdies eignen sie sich vorzüglich zum Schneiden. Die Mehlige Salbei *Salvia farinacea* ›Victoria‹ hat entsprechend stattliche purpurfarbene Blutenähren, die prachtvoll aussehen, wenn sie durch graulaubiges Kreuzkraut *Senecio cineraria* ›Silver Dust‹ hindurchwachsen.

Wir alle haben unsere Lieblinge unter den Sommerblumen, die wir jedes Jahr gerne in unseren Beeten ziehen. Jungfer im Grünen gehört zu meinen liebsten. Ihre Blüten und ihre Samenstände sehen nicht nur in der Rabatte, sondern auch in der Vase entzückend aus. Damit sie im Frühsommer blühen, säen Sie die Samen im Herbst in Schalen aus, und mischen Sie sie im Frühjahr zwischen frühjahrsblühende Zwiebelgewächse.

UNERLÄSSLICHE FRÜHLINGSBLÜHER *Ein blauer Teppich aus Vergißmeinnicht, durchwirkt mit weißen Tulpen, kann nach der Blüte entfernt und durch ein- und zweijährige oder halb winterharte Pflanzen ersetzt werden.*

Es lohnt sich auch, die halb winterharten Sommerblumen zu verwenden. Ich pflanze gerne die Margerite *Chrysanthemum frutescens* in Rabatten und auch Töpfen. Sie blüht verschwenderisch, und ihre kleinen Blüten passen gut in Sträuße.

Als Dauerblüher sind die Gartenverbenen *Verbene hybrida* ›Silver Ann‹ in Blaßrosa und *V. hybrida* ›Sissinghurst‹ in kräftigem Rosa hervorragende Lückenfüller. Ich setze sie gerne zwischen Stauden. Blumen in kräftigen Farbtönen wie Ringelblume und Kresse sehen im Licht mitteleuropäischer Breiten schöner aus, wenn sie von vielen Grüntönen und feinen Grauschattierungen abgemildert werden.

Die dritte Dimension

Mit Pergolen, Lauben, Zäunen und Mauern gewinnen Sie die Höhe als Gestaltungsmittel für Ihren Garten. Dabei sollten Sie möglichst viele Pflanzen verwenden, die Sie schneiden können. So, wie Sie am Boden ein Muster aus verschiedenen Pflanzen zusammenstellen, können Sie auch vertikale Bilder entwerfen, indem Sie Pflanzen in unterschiedlichen Farben und Texturen miteinander kombinieren.

Clematis und Rosen sind in Farbe, Textur und Verträglichkeit ideale Gefährten. Wenn Sie sie so pflanzen, daß sie ineinanderwachsen, erleichtert es das Beschneiden, wenn Sie eine kleinblütige Clematis auswählen, die im Herbst blüht und zur gleichen Zeit wie die Rosen im Frühjahr kräftig zurückgeschnitten werden muß – zum Beispiel die verschiedenen Sorten der *Clematis viticella* und *C. texensis* und die *C. tangutica* mit ihren bezaubernden gelben Blüten. Die frühjahrsblühenden Sorten der *C. alpina, C. macropetala* und *C. montana*, die alle nur sparsam beschnitten zu werden brauchen, sollten eine Stütze für sich bekommen, wo sie ein kompliziertes Netzwerk knüpfen können und ihre Samenstände unberührt bleiben, um sich bis zum Herbst voll zu entwickeln. Die prachtvollen großblütigen Sommerclematis gibt es in allen Farben. Schon einige wenige Blüten oder vielleicht sogar nur ein einziges schönes Exemplar, in eine mit Wasser gefüllte Schale aus farbigem Glas gelegt, eignen sich vorzüglich als Tafelschmuck zu einem festlichen Abendessen. Im Garten können die Clematis an winterblühenden Sträuchern wie Becherkätzchen *Garrya elliptica* oder Winterblüte *Chimonanthus praecox* hinaufklettern.

Unter den Kletterrosen gibt es einige – zum Beispiel die weißblühende *Rosa filipes* ›Kiftsgate‹ –, die sich nicht nur durch ihre Blüten und ihren Duft auszeichnen, sondern auch durch ihre schönen Hagebutten, wodurch sie für den Blumenarrangeur besonders wertvoll sind. Ich würde mich aber trotzdem in erster Linie auf die Rosen konzentrieren, die in Farbe und Duft hervorstechen. Heutzutage gibt es bei den Rosen so viele feine Farbnuancen, daß sich der Zeitaufwand lohnt, beim Rosenzüchter eine wirklich passende Sorte auszusuchen.

›Mme Alfred Carrière‹, eine 1879 eingeführte Noisetterose, die man oft an alten Hauswänden entdecken kann, hat große starkduftende Blüten mit einem leichten Hauch von Rosa. Die dornenlose ›Zéphirine Drouhin‹ dagegen ist dunkelrosa und hat den typischen kräftigen Duft einer Bourbonrose. Sie blüht früh und lange und gedeiht gut an einer Nordwand oder an Hauseingängen. Eine weiße Noisetterose, die ich besonders liebe, ›Aimée Vibert‹, hat kleine gefüllte Blüten in großen Büscheln.

Unter den gelben Rosen würde ich unbedingt ›Golden Showers‹ wählen. Sie duftet, ist fast dornenlos, hat halbgefüllte Blüten und blüht sehr lange. Die neue Hybride ›Highfield‹ hat sich bereits bewährt; sie ist gelb, stark duftend und kräftig im Wuchs. Die duftende ›Compassion‹ versorgt Sie rings um Ihre Fenster, Türen und Bogengänge mit den verschiedensten Farbschattierungen vom hellen Lachsrosa bis hin zum blassen Orange. Unter den roten Rosen bevorzuge ich ›Etoile de Hollande‹ und ›Fragrant Cloud‹.

Die starkwüchsigen *rambler roses* haben einen anderen Charakter. Sie können zwar auf prachtvolle Weise Ihre Lauben beranken, eignen sich aber nicht so sehr zum Schneiden und halten nicht lange in der Vase.

DIE DRITTE DIMENSION *Rosen und Clematis, getrennt oder zusammengepflanzt, eignen sich vorzüglich dazu, die Blütenpracht in die Höhe auszudehnen. Die langblühende Rose ›Ispahan‹ (links) bildet einen schönen Hintergrund für die Zistrose ›Silver Pink‹.* Clematis alpina *bedeckt eine Mauer (rechts) im Frühjahr mit zarten Blüten und später im Jahr mit silbernen Samenständen.*

EIN WASSERGARTEN

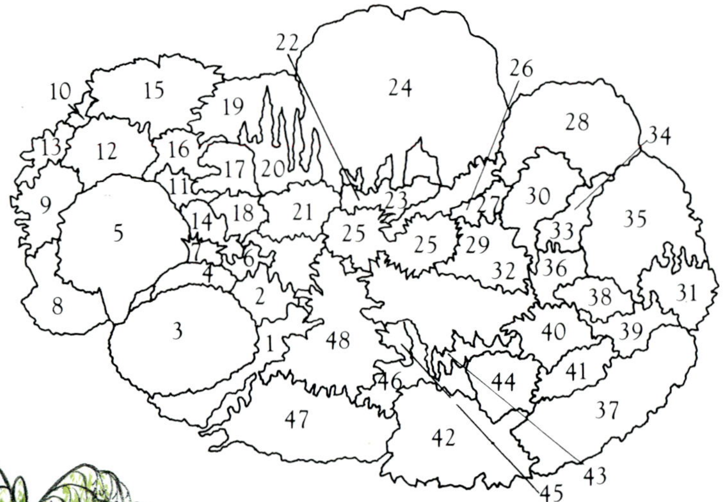

Wasser fügt dem Garten ein ganz neues Gestaltungselement hinzu und gibt Ihnen die Möglichkeit, einige wasserliebende Pflanzen zu ziehen, die man eigentlich nicht erwarten würde. Die Pflanzen, die hier um den Teichrand herum wachsen, lieben alle das Wasser. Auf der einen Seite blühen die roten, auf der anderen die gelben – Primeln und Astilben zusammen mit Funkien, Farnen und Gräsern, die sich im Wasser spiegeln. Ein schmaler Ziegelweg befestigt und verdeckt die Teichfolie; er verschafft auch Zugang zu den Pflanzen, die man schneiden möchte. Dahinter sind Sträucher gepflanzt worden, die das ganze Jahr über einen reizvollen Anblick bieten.

Der Weg, der zum Teich hinabführt, wird von zwei Hochstämmen, einem Schmetterlingsstrauch *Buddleia alternifolia* und einer Weide *Salix purpurea* ›Pendula‹, flankiert. Funkien und Sträucher sorgen für das notwendige Grün.

FRÜHLING

Bepflanzungsschlüssel

1 Frauenmantel
2 *Astilbe* × *arendsii* ›White Gloria‹
3 *Corylus avellana contorta*
4 *Vinca major* ›Variegata‹
5 *Syringa vulgaris* ›Madame Lemoine‹
6 *Primula helodoxa*
7 *Glyceria spectabilis* ›Variegata‹
8 *Ligularia dentata* ›Desdemona‹
9 *Forsythia* × *intermedia* ›Lynwood‹
10 *Hosta* ›Thomas Hogg‹
11 *Filipendula ulmaria* ›Aurea‹
12 *Spiraea* × *vanhouttei*
13 *Hosta* ›Gold Standard‹
14 Becherfarn
15 *Spartium junceum*
16 *Polygonatum giganteum*
17 *Epimedium sulphureum*
18 *Caltha palustris*
19 *Viburnum plicatum* ›Mariesii‹
20 Fingerhut (weiß)
21 *Primula florindae*
22 *Primula veris*
23 Traubenhyazinthen (blau, Frühling)
24 *Salix purpurea* ›Pendula‹
25 *Iris sibirica*
26 Traubenhyazinthen (weiß, Frühling)
27 *Primula* ›Barnhaven‹
28 *Buddleia alternifolia*
29 *Primula japonica*
30 Bronzefarbener Fenchel
31 Wollziest
32 *Ajuga pyramidalis* (Frühling)
33 *Thalictrum aquilegifolium*
34 Tulpen (rot, Frühling)
35 *Pittosporum* ›Garnettii‹
36 *Lobelia cardinalis*
37 *Prunus* × *cistena* ›Crimson Dwarf‹
38 *Aquilegia* ›Crimson Star‹
39 *Salvia officinalis* ›Purpurascens‹
40 *Iris laevigata* ›Snowdrift‹
41 *Monarda* ›Cambridge Scarlet‹
42 Silberpfennig
43 *Astilbe* × *arendsii* ›Fanal‹
44 *Astrantia major*
45 *Hosta* × *tardiana* ›Halcyon‹
46 *Pestemon* ›Garnet‹
47 *Nepeta* × *faassenii* ›Six Hills Giant‹
48 *Rheum palmatum* ›Atropurpureum‹

Hochsommer

BLÜTEN UND BLÄTTER FÜR JEDE JAHRESZEIT

Jeder Garten ist geprägt von den Lebensspannen der einzelnen Pflanzen. Die Blüten sind am vergänglichsten, die Beeren zieren so lange die Gehölze, bis die Vögel sie entdeckt haben, und die Blätter bestimmen das Gartenbild für die längste Zeit des Jahres. Die Kunst des Gärtners besteht darin, alle diese Elemente in eine Reihenfolge zu bringen, die das ganze Jahr über Reize bietet, d. h., er muß ein Muster aus Farben und Texturen schaffen, das sich immer wieder erneuert.

Wie überall im Leben bestimmt die Methode den Erfolg. Ich kann nicht nachdrücklich oder oft genug betonen, wie wichtig die Planung ist, damit Sie das Material in den notwendigen Mengen und Farben rechtzeitig zur Verfügung haben. Um das Beste aus jedem Monat zu machen, rate ich Ihnen, sich eine Tabelle der gewünschten Pflanzen anzulegen und darin zu vermerken, was Sie zu jeder Jahreszeit zu erwarten haben. Ein Computer kann dabei ein unschätzbarer *aide-mémoire* sein, vorausgesetzt, die Gestaltung der Rabatten wird dadurch nicht zu einem reinen Zahlenspiel. Sie sollten immer flexibel bleiben und auch einmal spontan für eine Blumensorte entscheiden.

Wichtig ist es auch, daß Sie Ihre Pflanzen in Bäume, Sträucher, krautige Pflanzen, Sommerblumen und Zwiebelgewächse unterteilen sowie Farbe, Höhe und Zeit der Verwendbarkeit notieren. Das ist ungemein hilfreich, wenn Sie planen, wohin Sie die Pflanzen setzen wollen.

Im tiefen Winter

In den Monaten des Winters werden Sie viel Zeit im Haus verbringen. Deshalb ist es ganz natürlich, möglichst viele winterblühende Pflanzen in den Rabatten unterzubringen, um genügend Schnittmaterial zur Verfügung zu haben. Pflanzen Sie also die kleinen Winter- und frühen Frühjahrsblüher, die man so selten im Blumenladen findet! Es ist ein wunderbares Privileg, im tiefen Winter mit einem Korb am Arm in den Garten zu gehen und ein paar Winterlinge *Eranthis hyemalis* zu schneiden, um sie in eine mit frischem Moos ausgekleidete Schale zu legen. Stecken Sie einen Zweig Rosmarin oder *Hebe rakaiensis* dazu, vielleicht noch eine oder zwei Christrosen, und geben Sie dem Gesteck mit ein paar Santolinenblättern zusätzlich einen Hauch von Grau.

Denken Sie an die Pflanzen, die in ihrem gebräuchlichen Namen die Wörter »Winter«, »Weihnachten« oder »Schnee« enthalten. Winterblüte *Chimonanthus praecox*, Wintergeißblatt *Lonicera fragrantissima* und Winterjasmin *Jasminum nudiflorum* sollten alle mitten im Winter blühen. Die Lampionblume *Physalis alkekengi* läßt sich gut in einem Trockengesteck verarbeiten, und der unverwüstliche Bodendecker *Gaultheria procumbens* macht seinem gebräuchlichen Namen Wintergrün alle Ehre.

Die erste der Christrosen ist *Helleborus niger*, und der Weißdorn *Crataegus monogyna* ›Biflora‹ blüht wunderbarerweise immer an Weihnachten in meinem Garten. In Gärten mit saurem Boden sollte zu dieser Zeit der Rhododendron ›Christmas Cheer‹ in Blüte stehen. Schneeglöckchen können den ganzen Winter über in Ihrem Garten blühen, wenn Sie eine sorgfältige Auswahl treffen. Die Schneebeere *Symphoricarpos albus* var. *laevigatus* wirft ihre Blätter ab und trägt einen üppigen Vorrat marmorn glitzernder weißer Beeren. Dieser Strauch, der sogar im Schatten und in nährstoffarmem Boden gedeihen kann, treibt Schößlinge und ist deshalb nur für größere Gärten geeignet. Die Zuchtformen mit den rosa Beeren haben dagegen einen weniger ausladenden Wuchs.

Die Blumen, die Sie im Winter pflücken, sind von besonderer Qualität. Vielleicht liegt es daran, daß sie dem schlimmsten Wetter haben widerstehen oder sich durch den kalten Boden ans Tageslicht haben schaffen müssen, da sie ja ihrer Natur entsprechend im Winter blühen. Wenn Sie durch den Garten streifen, entdecken Sie vielleicht die letzten Rosen, niedrigen Glockenblumen, einige Veilchen und hier und dort eine Nelke. Auf die letzteren darf man sich jedoch nicht verlassen. Aber es gibt eine Menge verläßlicher Blüten, die sich bei jedem Wetter zeigen, es sei denn, der Boden ist hart gefroren. Die frühesten Zwiebelgewächse – Schneestolz *Chionodoxa*, *Scilla* und *Narcissus* ›Peeping Tom‹ sowie die beste unter ihnen, die wunderbare *Iris unguicularis* – schaffen sich immer ihren Weg durch den winterkalten Boden. Es gibt auch eine Fülle von Christrosen, die um diese Zeit blühen, nicht zu vergessen die ersten Gartenprimeln *Primula polyantha*. Ich habe außerdem festgestellt, daß das rosa Lungenkraut *Pulmonaria rubra* früher blüht als das gewöhnliche Lungenkraut *P. saccharata* und das weiße Lungenkraut *P. saccharata* ›Alba‹.

Es kann auch hübsch aussehen, eine Vase nur mit Blättern zu füllen. Wenn Sie erst einmal mit dem Pflücken beginnen, werden Sie erstaunt sein, wie viele Grün-, Gold- und Grauschattierungen es gibt. Die immergrünen Gehölze, die das Grundmaterial für jedes Wintergesteck liefern, umfassen Stechpalme, Pfaffenhütchen, Eukalyptus, Ölweide, Liguster und Buchsbaum. Daneben gibt es noch einige Farne, Heben und Steinlinden. Die langen Triebe von Efeu und Immergrün lassen sich hübsch um einen Vasenboden winden, und wenn das Efeu seine Altersform erreicht hat, schmückt es sich mit Büscheln schwarzer Samen-

FROST UND TAU *Silbrige Eiskristalle, die am kahlen Astwerk glitzern, sind immer ein schöner Anblick. Überziehen sie aber die gedrehten Äste einer Korkenzieherhasel* Corylus avellana contorta *(rechts), dann bietet sich ein geradezu atemberaubendes Schauspiel. Winter bedeutet nicht nur kahle Zweige und Frost. Christrosen und die leuchtenden Zweige des Hartriegels* Cornus sibirica *(links) sorgen für Farbe, noch bevor der erste wärmende Sonnenstrahl die Frühlingsblumen zum Öffnen ihrer Blüten verlockt hat. Sie sind auch im Haus eine wertvolle Winterdekoration.*

köpfe, die sich gut verarbeiten lassen, aber nur selten gepflückt werden. Der immergrüne Schneeball *Viburnum tinus* ist vielleicht einer der dankbarsten Sträucher. Er blüht vom Spätherbst bis zum frühen Frühjahr, und mit seinen glänzenden dunklen Blättern und blaßrosafarbenen Blütenköpfen fügt er sich harmonisch in jedes Gesteck.

Die immergrünen Gehölze spielen eine wesentliche Rolle im Garten. Sie bedecken ihn auch im Winter mit einem grünen Kleid und lassen ihn dadurch gepflegt erscheinen; im Sommer aber sind sie genauso wertvoll. Sie können das ganze Jahr über beschnitten werden, vorausgesetzt, man geht dabei behutsam vor und übt eine gewisse Zurückhaltung.

Samenköpfe und nacktes Wintergeäst verleihen dem Garten eine Atmosphäre von Transparenz. Mit ihren schön geformten Umrissen lassen sich feine, wenn auch einfache Kompositionen schaffen, die viele Wochen im Haus ihren Reiz bewahren. Diese Gestecke wirken am besten in eleganten und vielleicht leuchtend farbigen Gefäßen. Samenstände, die darauf warten, von der Rabatte gepflückt zu werden, sind Brandkraut *Phlomis viscosa (P. russeliana)*, Silberpfennig *Lunaria*, Clematis (insbesondere *C. tangutica* und *C.* ›Bill MacKenzie‹), viele der Graswedel und die braunen Köpfe der Fetthennen und Hortensien. Im Kontrast zu diesen Samenköpfen oder zusammen mit frischen Blättern und Blumen lassen sich mit den leuchtendroten knolligen Samenköpfen der *Iris foetidissima* und den ebenfalls glänzenden dünnen Ruten von Weide und Hartriegel dekorative Gestecke anfertigen.

Die Winterfarben sind meistens kühl, gedämpft und harmonisch. Deshalb fällt bei der Winterplanung den Pflanzenformen eine wichtige Rolle zu. Setzen Sie spitze neben sanfte, geschwungene Formen, und schaffen Sie kontrastreiche Wirkungen zwischen den Samenköpfen von Bärenklau, Edeldistel und Brandkraut und den sanft fließenden Formen der immergrünen Heben und Steinlinden. Auch manche Blätter haben lange, spitze Formen: z. B. Neuseeländer Flachs *Phormium* und *Iris pallida* ›Variegata‹. Die Christrosen vereinen in sich alles, was Winter für mich bedeutet. Ihre scharf konturierten Formen benötigen keine anderen Pflanzen in ihrer Umgebung.

Der Farbenrausch des Frühjahrs

Die Frühlingsfarben bedürfen einer sorgfältigeren Planung, da die Farbtöne leuchtender sind. Zu den blühenden Bäumen des Frühjahrs gehören *Prunus, Malus, Sorbus*, Hartriegel und Magnolien in den Farbschattierungen von Weiß über Rosa bis zu Rot. Dies sind alles Farben, die gut in den Garten und ins Haus passen, obgleich die meisten Blüten nicht lange halten und sich nur als Schmuck für einen kurzen festlichen Anlaß eignen. Zu den frühjahrsblühenden Sträuchern gehören Weiden mit Kätzchen, Schneebälle, Feuerdorn, Clematis (verschiedene Sorten der *C. alpina, C. macropetala* und *C. montana*), Duftblüte *Osmanthus* und Rosmarin.

Einige Sträucher sprießen mit gelbem Laub: die goldfarbenen Varietäten von Sommerjasmin *Philadelphus coronarius* ›Aureus‹, Weigelie, Liguster *Ligustrum ovalifolium* ›Aureum‹, Geißblatt *Lonicera nitida* und Ölweide *Elaeagnus pungens* ›Maculata‹. Ich verwende gerne mehrere goldfarbene Sträucher zusammen, um auf diese Weise große helle Bezirke zu schaffen. Sie bilden auch einen herrlichen Hintergrund für frühjahrsblühende Zwiebelgewächse und später für Akeleien.

Ich mag es nicht, wenn leuchtende Gelb- und Rottöne zusammenstehen, deshalb haben unsere roten Tulpen besondere Plätze – zwischen dunklen immergrünen Sträuchern und im Schatten des Goldregens, bevor sich seine gelben Blüten öffnen. Der gesprenkelte Schatten laubabwerfender Bäume macht die Rottöne noch intensiver, und im Haus können sie wundervoll wirken. Wenn Sie genügend Platz in Ihrem Garten haben, sollten Sie es wagen, rote Tulpen in Ihren Rasen zu setzen. Ich gruppiere Tulpen und Gartenprimeln lieber nach Farben getrennt, anstatt sie miteinander zu mischen. Die Tulpen pflanze ich gerne mit Vergißmeinnicht zusammen, aber zwischen die Primeln sollten keine anderen Pflanzen gesetzt werden.

AUFREGENDE FRÜHLINGSFARBEN *Das leuchtende Gelbgrün der aufschießenden Funkien als Kontrast zu den blauen Glockenblumen (rechts) und die sanfteren Farbtöne der weißen und mauvefarbenen Stiefmütterchen, durchsetzt von rosageflammten Tulpen (unten), machen deutlich, wie breit die Farbpalette des Frühlings ist. Aber gerade die reiche Auswahl macht es notwendig, eine Bepflanzung mit Blumen zum Pflücken sorgfältig zu planen.*

DIE VERSCHWENDERISCHE FÜLLE DES SOMMERS

Mit dem Welken der Frühlingsblumen beginnen die Rabatten, ihr sommerliches Gewand überzustreifen. Halb winterharte Pflanzen und Sommerblumen können an die Stelle der herausgenommenen Tulpen und Vergißmeinnicht gesetzt werden, aber es ist vor allem das reiche Farbspiel der Stauden, das Ihre Rabatten den ganzen Sommer über beherrscht. Verschwenderische Fülle ist das Hauptmerkmal des Sommers, und Sie müssen sich entscheiden, ob Sie intensive, auffällige Farben oder lieber ruhigere, sanfte Pastelltöne für Ihre Vasen bevorzugen. Einige Blumen – Rittersporn, Lupinen, Rudbeckien, Astern und Dahlien – befriedigen beide Neigungen.

Der Reichtum der sommerlichen Bepflanzung inspiriert zu üppigen Sträußen, die häufig erneuert werden können, und ermutigt einen, die großartigen Blütenähren von Rittersporn *Delphinium*, Stockrose, Fingerhut und Phlox zu größter Geltung zu bringen. Mit Blütensträuchern kann man seinen Sträußen und Gestecken noch mehr an Gewicht, Farben und Reiz verleihen, wie das ja auch im Garten der Fall ist. Graulaubige Stauden erreichen ihren Höhepunkt im Hochsommer, wenn die Tage trocken sind. Zu meinen Lieblingen zählen *Artemisia* ›Powis Castle‹, *Santolina incana* und die blaugrauen Katzenminzen und Rauten *Ruta graveolens* und *R. graveolens* ›Jackman's Blue‹.

Wenn der Sommer fortschreitet, verblühen die ersten Stauden. Ihre unschönen Stiele können von später blühenden Pflanzen verdeckt werden. Die Dahlien stehen in voller Blüte, und die Zeit für die Astern ist gekommen. Wählen Sie sie nicht nach

Katalogen aus, sondern entscheiden Sie sich erst, wenn Sie sie haben wachsen und blühen sehen. Jetzt öffnen auch die winterharten Margeriten und Gelenkblumen *Physostegia* ihre Blüten, und die Blütenähren des Bärenklau ragen hoch auf.

ROSEN IM HOCHSOMMER *Unter allen Blumen sind die Rosen (links und oben) das Symbol des sommerlichen Überflusses. Mit ihren Farben und Düften können sie bei einer überlegten Bepflanzung den ganzen Sommer über ein herrlicher Vasenschmuck sein.*

HERBSTJUWELEN *Das goldene Licht der kürzer werdenden Tage bringt die satten Orange- und Brauntöne der fallenden Blätter und die kräftig burgunderroten Blütenköpfe der Fetthenne zum Leuchten.*

SATTE HERBSTTÖNE

Der Herbst kann eine der schönsten Jahreszeiten für den Garten sein, wenn die Beeren reifen und sich die Blätter der Bäume und Sträucher rot, bronzefarben und golden tönen. Wie einfach ist es, sich von der aufregenden Schönheit der Herbstfarben überwältigen zu lassen! Versuchen Sie, für einen kleinen Garten einen Baum oder Strauch auszuwählen, der im Frühling blüht und im Herbst Blätter oder Beeren trägt. Achten Sie auch darauf, daß das ausgewählte Gehölz in dem Boden Ihres Gartens gut gedeihen kann. Ahornarten und der Katsurabaum *Cercidiphyllum* gehören zu den Bäumen mit der schönsten Herbstfärbung, die in saurem Boden gedeihen; ebenso auch *Fothergilla*, Zaubernuß *Hamamelis mollis* und die verschiedenen Formen der *Nandina* mit gelben oder roten Beeren. *Prunus* und *Malus* gedeihen in den meisten Böden, aber für einen Garten mit alkalischem Boden sollten Sie verschiedene Schneeballarten, *Sorbus*-Arten, den Perückenstrauch *Cotinus coggygria f. purpureus* und das Pfaffenhütchen *Euonymus alata* auswählen.

In der Rabatte lassen sich wunderbare Effekte mit dem Laub von Funkien, der *Rudbeckia fulgida* ›Goldsturm‹ und der Fackellilie *Kniphofia* erzielen. Die Bechermalve *Lavatera olbia* ›Rosea‹ blüht bis zu den ersten Frösten und gesellt sich hübsch zu den Japanischen Anemonen *Anemone Japonica* und Hortensien, und die Rosen öffnen noch immer hier und da einige Blüten.

EINE LANGE RABATTE IN DER SONNE

Diese schmale, 11 Meter lange Rabatte bekommt so viel Sonne, daß sie ein prachtvolles Schauspiel bietet. Sie ist voller Versprechen und bietet reiches Schnittmaterial. Hier finden sich blasse Grau- und Weißtöne, Rosa- und blasse Blautöne, die stellenweise zu Mauve und Weinrot nachdunkeln. Ich habe diese Rabatte ohne immergrüne Sträucher geplant, abgesehen von einem Rosmarinbusch und einigen graulaubigen Pflanzen im Vordergrund. Manche der krautigen Pflanzen können aber ohne weiteres durch immergrüne Gehölze ersetzt werden.

Im Hintergrund verläuft eine Mauer, ein Zaun oder eine Gitterwand – ein von der Sonne beschienener Platz, überwachsen von Rosen, Clematis, Geißblatt und einer Weinrebe *Vitis vinifera* ›Purpurea‹. Die Wurzeln der vier Clematis werden von den davorgesetzten Pflanzen kühl gehalten. Drei der Clematisvarietäten blühen im Spätsommer, deshalb sind sie mit einem frühblühenden Strauch kombiniert worden. Die wunderbare Rose ›Madame Plantier‹ entfaltet alle ihre gefüllten cremefarbenen Blüten mit grünem Auge zur gleichen Zeit. Sie dient als Stütze

HERBST

Bepflanzungsschlüssel

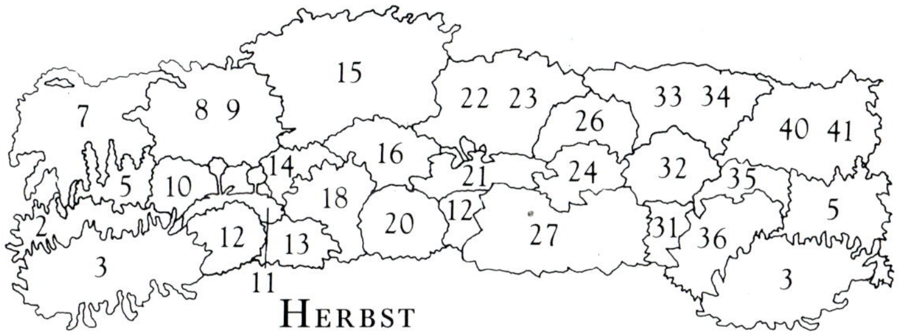

1 *Tulipa* ›White Triumphator‹
2 *Diascia rigescens*
3 *Nepeta mussinii*
4 *Iris reticulata*
5 Akanthus
6 *Narcissus* ›Mary Copeland‹
7 *Rosa* ›Blomfield Abundance‹
8 *Kolkwitzia amabilis*
9 *Clematis* ›Huldine‹
10 *Monarda* ›Prairie Night‹
11 Agapanthus
12 *Santolina incana*
13 Wollziest
14 *Artemisia* ›Powis Castle‹
15 *Solanum crispum* ›Glasnevin Var.‹
16 *Philadelphus microphyllus*
17 Jungfer im Grünen
18 *Molucella laevis*
19 Gartenprimeln
20 *Gypsophila paniculata* ›Rosy Veil‹
21 *Sedum* ›Autumn Joy‹
22 *Rosa* ›Madame Plantier‹
23 *Clematis texensis* ›Gravetye Beauty‹
24 Dahlien (blaßrosa und weiß)
25 *Tulipa* ›Angelique‹ oder ›Apricot Beauty‹
26 Rosmarin
27 *Hosta* × *tardiana* ›Halcyon‹
28 *Narcissus* ›Jack Snipe‹
29 *Hebe pinguifolia*
30 *Narcissus* ›February Gold‹
31 *Phlox canadensis*
32 *Syringa velutina (palibiniana)*
33 *Lonicera japonica repens (flexuosa)*
34 *Clematis* ›Marie Boisselot‹
35 *Aster novae-angliae* ›Harrington's Pink‹
36 *Scabiosa caucasica* ›Clive Greaves‹
37 Scilla oder Schneestolz
38 *Narcissus* ›February Silver‹
39 *Narcissus* ›Jenny‹
40 *Vitis vinifera* ›Purpurea‹
41 *Clematis viticella* ›Alba Luxurians‹

für die *Clematis* ›Gravetye Beauty‹. *Kolkwitzia amabilis* mit ihren zartrosa Blüten und interessanten Samenständen hat die später blühende *Clematis* ›Huldine‹ zum Partner. Hat man sie erst einmal gepflückt, dann ist man überrascht, wie schön sie ist. Ihre weißen Blütenblätter tragen alle in der Mitte einen feinen grünen Streifen. Unterhalb der Kletterpflanzen setzen Narzissen im Frühling hier und da leuchtendgelbe Flecken in die Rabatte.

Im Mittelstreifen, der sich über die ganze Länge der Rabatte erstreckt, findet man andere Zwiebelgewächse – Tulpen, Narzissen, *Scilla*, Schneestolz *Chionodoxa* und *Iris reticulata*. Von links nach rechts kommen zunächst die lilienblütigen Tulpen *Tulipa* ›White Triumphator‹, die ich später herausnehme, aufbewahre und durch die sommerblühende *Diascia rigescens* ersetze. *Narcissus* ›Mary Copeland‹ wächst durch Bärenklau und *Iris reticulata* durch die Katzenminze *Nepeta mussinii*. Funkienblätter breiten sich erst später im Jahr aus, so daß in ihrem Umkreis immer genug Platz ist für frühblühende Narzissen wie ›Jack Snipe‹ und ›February Gold‹. Ich mag es nicht, wenn ich keine Vergißmeinnicht zum Pflücken in meiner Rabatte habe. Als hübsche Gefährten für sie habe ich die Tulpen ›Angelique‹ und ›Apricot Beauty‹ ausgewählt. Wenn man die Pflanzmenge verdoppelt, hat man genügend Pflückmaterial, ohne die Wirkung der Rabatte zu beeinträchtigen. Ich rate Ihnen überdies, im Herbst einige winterharte einjährige Pflanzen in die Rabatte zu säen.

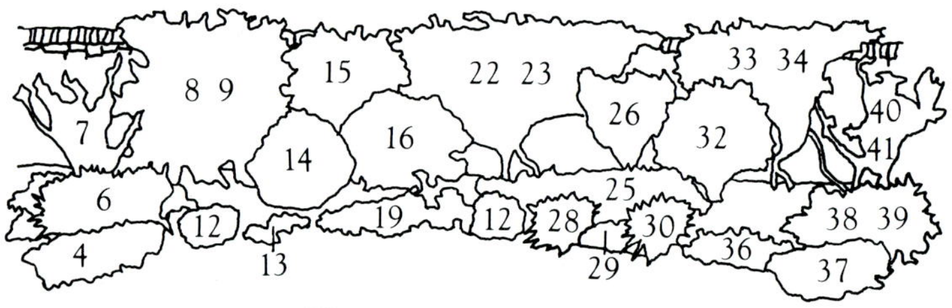

FRÜHLINGSANFANG

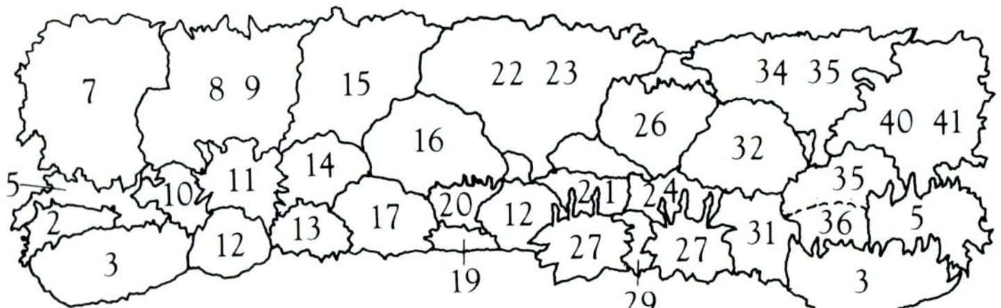

FRÜHSOMMER

FRÜHLINGSANFANG

FRÜHSOMMER

DIE BESTEN LÖSUNGEN FÜR PROBLEMBEREICHE

Kein Garten ist ohne problematische Bereiche, aber es gibt Möglichkeiten, das Beste aus ihnen zu machen. Eine weit verbreitete Schwierigkeit sind Beete, die wegen einer hohen Mauer oder Hecke oder durch überhängende Äste eines Baumes zu tief im Schatten liegen. Wenn sich hinter einer Schattenrabatte eine Mauer entlangzieht, werden Sie feststellen, daß die Rabatte im Winter überhaupt keinen direkten Sonnenstrahl abbekommt. Das bedeutet, daß sich der Frost dort länger festsetzt, daß aber die Intensität des Lichts stärker ist als unter einer mächtigen Konifere. Da dort zudem keine Baumwurzeln dem Boden Feuchtigkeit entziehen, wird er auch nicht zu trocken werden.

Wenn die Rabatte unter einem schönen laubabwerfenden Baum liegt, kann man die Sonneneinstrahlung vergrößern, indem man das Geäst insgesamt ausdünnt. Bäume mit größeren Blättern werfen dichten Schatten, während andere mit feineren Blättern wie Gleditschien *Gleditsia* und Ebereschen *Sorbus aucuparia* noch einiges Licht durchlassen.

Pflanzen, die im Schatten von Bäumen in nicht zu trockenem Boden wachsen, sind etwa Frauenmantel *Alchemilla mollis, Aucuba*, Bambusarten, Bergenien, Elfenblumen, Pfaffenhütchen *Euonymus fortunei*, verschiedene Stechpalmen, *Iris foetidissima*, Efeuarten, *Liriope muscari, Pachyphragma macrophyllum*, Skimmien, Schneebeere *Symphoricarpos* und Immergrün. Die meisten von ihnen sind ausgesprochene Blattpflanzen. Deshalb sollten Sie auch Pflanzen mit panaschierten Blättern auswählen, um die Anlage abwechslungsreicher zu gestalten.

Eine größere Auswahl an Blumen gibt es für ein Schattenbeet mit feuchterem Boden – zum Beispiel am Fuße einer Mauer nach Norden. Sie können der oben aufgeführten Liste noch Astilben, Kamelien, *Fothergilla, Gaultheria*, Knöterich *Polygonum* und den Schneeball *Viburnum opulus* hinzufügen. Zu den Kletterpflanzen und Mauersträuchern, die ausgesprochen gern an schattigen Mauern leben, zählen Scheinquitten *Chaenomeles, Cotoneaster*, Forsythie, Becherkätzchen *Garrya elliptica*, Kletterhortensie *Hydrangea petiolaris*, Winterjasmin *Jasminum nudiflorum*, Kerrie *Kerria Japonica* und *Schizophragma hydrangeoides*. Die Blüten einiger Clematisarten – ›Lord Northcliffe‹ und ›Nelly Moser‹ zum Beispiel – verblassen im Schatten nicht so stark. Zu den Kletterrosen, die sich hier wohlfühlen, gehören ›Mme Alfred Carrière, ›Zéphirine Drouhin‹, ›Gloire de Dijon‹, ›Gloire de Ducher‹, ›Albéric Barbier‹, ›Mermaid‹, ›Blairi No. 2‹ und ›Souvenir de Mme Léonie Viennot‹. Alba-, Rugosa- und Gallicarosen tolerieren nährstoffarme Böden im Teilschatten.

Eine Rabatte, die der vollen Sonne ausgesetzt ist, verlangt größere Sorgfalt bei der Pflanzenauswahl als ein Beet, das in tiefem Schatten liegt. Denken Sie dabei an die Pflanzen, die Sie mit heißen mediterranen Klimaten assoziieren. Unter den Sträuchern gehören dazu: Artemisien, Ginster, Bartblume, Zistrose *Cistus*, Strohblume *Helichrysum*, Eibisch, Sanddorn, Rosmarin, Salbei, Tamariske und Yucca. Unter den Stauden sind Bärenklau, Alstroemerien, Montbretien *Crocosima*, Nelken, Kugeldisteln *Echinops*, Edeldisteln *Eryngium*, Fackellilien, Nerinen, Mohn und Königskerzen besonders gut geeignet.

Zu den Sträuchern, die Küstenklima und Wind vertragen, gehören solche mit schmalen oder grauen Blättern – Strauch-Melde *Atriplex halimus*, Ölweide *Elaeagnus × ebbingei*, Ginster, *Griselinia, Hebe salicifolia*, Lavendel, *Olearia × haastii*, Rosmarin, *Rosa pimpinellifolia, Senecio* ›Sunshine‹ und Tamariske. Die meisten von ihnen gedeihen auch gut im Landesinnern.

BODENBESCHAFFENHEIT

Die Beschaffenheit des Bodens macht Ihnen vielleicht das größte Kopfzerbrechen, ganz gleich, ob Sie in Ihrem Garten einen schweren Lehm-, einen Kalk- oder einen steinigen Boden haben. In jedem Fall läßt er sich verbessern, indem man ihn gut durcharbeitet und mit zusätzlichen Nährstoffen versorgt.

Ein lehmiger Boden ist leicht zu erkennen – er ist schwer, klebrig und karamelfarben. Auf den ersten Blick macht er den Eindruck, als ließe er sich überhaupt nicht bearbeiten. Vergessen Sie aber nicht, daß er reich an Nährstoffen ist, da diese wegen der genannten Charakteristika nicht so schnell ausgeschwemmt werden. Damit er lockerer wird, rate ich Ihnen, wiederholt soviel organische Substanzen wie möglich hinzuzufügen. Von Mal zu Mal läßt sich der Lehmboden besser umgraben, er bekommt eine dunklere Farbe, und seine Durchlässigkeit wird verbessert. Mit dem gesamten Material, das Sie hinzufügen – Viehdung, Pilzkompost, Torf und Gartenkompost –, können Sie vielleicht einige erhöhte Beete anlegen, um auch dadurch Abwechslung zu schaffen.

Zu den Sträuchern, die auf Lehmboden gedeihen, gehören Aralie, Orangenblume *Choisya*, Forsythie, Zaubernuß, Flieder und zwei Schneebälle *Viburnum tinus* und *V. plicatum*. Als Stauden eignen sich *Camassia*, Fingerhut, Sonnenbraut, Narzissen *Narcissus cyclamineus, N. bulbocodium, N.* ›Golden Harvest‹ und *N.* ›Mount Hood‹ sowie Sonnenblumen.

Auch Rosen gedeihen gut in lehmigem Boden. Deshalb läßt sich ein solcher Garten gut mit einer Rosenhecke einfassen. *Rosa rugosa* ›Blanc Double de Coubert‹ oder ›Roseraie de L'Hay‹ eignen sich für eine hohe Hecke, *R. gallica* ›Versicolor‹ oder *R.* ›Buff Beauty‹ für eine mittelhohe und ›Old Blush China‹ oder ›Little White Pet‹ für eine niedrige Hecke.

Kalkboden kann im wesentlichen genau wie Lehmboden behandelt werden. Um eine flachgründige kalkige Bodendecke zu verbessern, rate ich Ihnen, Blätterhumus hinzuzufügen und den Boden kräftig zu mulchen. Jedesmal, wenn Sie einen Strauch pflanzen wollen, graben Sie zunächst ein möglichst großes Pflanzloch und füllen es mit Kompost, den Sie sorgfältig in die umgebende Kalkerde einarbeiten. Die Gehölze Buchs, Orangenblume *Choisya, Clematis*, Seidelbast, Deutzie, Hortensie *Hydrangea villosa*, Kolkwitzie und Fingerkraut *Potentilla* sind alle für diesen Bodentyp geeignet. Zu den Stauden, die sich auf Kalkboden wohlfühlen, gehören Nelken, Bart-Schwertlilien *Iris barbata* oder *Iris germanica*, Pfingstrosen und Skabiosen.

Steiniger Boden ist nicht nur ein Problem, er ist sogar äußerst lästig. Steine lassen sich nur mit Mühe entfernen. Sammeln Sie sie aber möglichst von der Oberfläche auf, damit wenigstens Ihre Rabatten einen gepflegten Anblick bieten. Auch rate ich Ihnen, immer wieder organisches Material unterzuarbeiten, vor allem Viehdung und Ihren eigenen Gartenkompost. Der steinige Boden ist besonders durchlässig. Wählen Sie deshalb Pflanzen aus, die diese Bedingung schätzen, z. B. Sträucher wie Geißklee *Cytisus*, Ginster, *Perovskia*, Rosmarin und Brandkraut *Phlomis* und Stauden wie Bärenklau, Affodill *Asphodelus*, Bergenie, Edeldistel, winterharte Storchschnabelarten *Geranium* und Wiesenraute *Thalictrum*.

KALKHALTIGER BODEN *Bartiris, deren gekräuselte Blüten einen Kontrast zu ihrer majestätischen Gestalt bilden (oben), gehören zu den vielen Stauden, die einen kalkhaltigen Boden vertragen.*

IM SCHATTEN VON BÄUMEN *Fingerhut und Funkien gedeihen problemlos im feuchten Schatten unter Bäumen in der Nähe eines Flußufers (links), aber auch in trockeneren schattigen Bereichen.*

SCHANDFLECKE VERBERGEN

Häßliche Schuppen oder Nebengebäude wirken in jedem Garten störend. Starkwüchsige Kletterrosen sind häufig die naheliegendste Lösung; zieht man ein Drahtnetz über das Dach, können sich die Rosen daran festhalten. Wählen Sie starkwüchsige Rosen wie *Rosa filipes* ›Kiftsgate‹, *R.* ›Bobbie James‹ oder *R.* ›Paul's Himalayan Musk‹.

Die besten Clematis für solche Problembereiche sind *Clematis montana* oder *C. armandii*, die beide ebenfalls frei wachsen dürfen, ohne beschnitten werden zu müssen. Auch Geißblatt eignet sich zum Beranken häßlicher Gebäude, insbesondere die frühblühende Art *Lonicera periclymenum* ›Belgica‹ und die später blühende Sorte der gleichen Art *L. periclymenum* ›Serotina‹. Für einen schattigen Platz wählen Sie vielleicht den Wilden Wein *Parthenocissus henryana*, der mit Haftwurzeln an Wänden und Dächern emporkriecht, also keiner zusätzlichen Stütze bedarf. Auch der Schlingknöterich bedeckt in kürzester Zeit ein ganzes Dach.

EINE LANGE RABATTE IM SCHATTEN

Zunächst hatte ich angenommen, daß diese 11 Meter lange Rabatte, die für Herbst, Winter und Frühjahr konzipiert war, ein schwieriges Problem werden könnte, da sie nur wenig Sonne bekam. Aber als ich mit der Planung begann, war meine Pflanzenauswahl binnen kurzem so umfangreich, daß ich Mühe hatte, sie alle unterzubringen.

Eine Rabatte im Schatten ist für den Gärtner eine echte Herausforderung. Ich habe versucht, diese hier in Weiß, Blaßgelb sowie in Blau- und Grüntönen von der dunkelsten bis zur hellsten Nuance zu halten. Bei einem solchen Beet haben Sie die Möglichkeit, wirklich aufregende Kombinationen auszuprobieren – vielleicht Schöterich *Erysimum* ›Bowles Purple‹ vor einer Gruppe Wolfsmilch *Euphorbia characias* oder Christrosen *Helleborus corsicus* zusammen mit tief purpurfarbenem Silberpfennig *Lunaria.* Ich lasse die verblühten Stiele mit den Samenköpfen immer stehen, damit die Pflanzen ihre entzückenden Silberpfennige ausbilden können.

Über die Mauer oder den Zaun im Hintergrund rankt sich das Efeu *Hedera helix* ›Glacier‹ und das Efeu *H. colchica* ›Paddy's Pride‹, durch das sich wiederum die *Clematis* ›Jackmanii Superba‹ hindurchschlingt. Eine *Clematis tangutica* habe ich neben ein Becherkätzchen *Garrya elliptica* gesetzt, das ihr als Stütze dienen soll. Die Samenstände der Clematis sehen zusammen mit den langen graugrünen Kätzchen der *Garrya* im Garten und in der Vase bezaubernd aus. *Rosa* ›Mermaid‹ und *Clematis* ›Perle d'Azur‹ sind eine glückliche Kombination. Der zuverläs-

FRÜHER HERBST

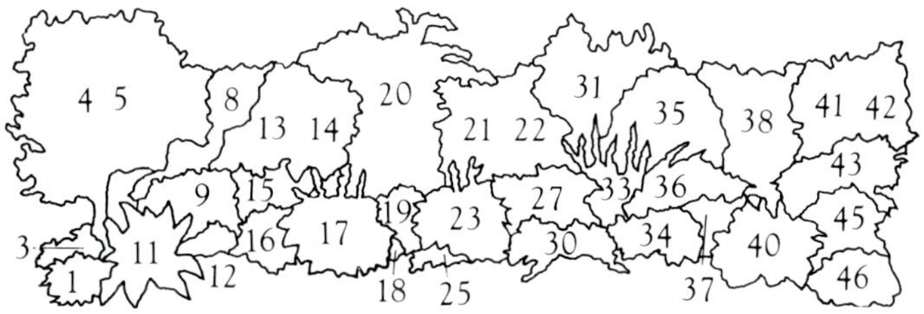

FRÜHER HERBST

BEPFLANZUNGSSCHLÜSSEL

1 *Helleborus orientalis*
2 Schneeglöckchen
3 Lungenkraut
4 *Hedera helix* ›Glacier‹
5 *Prunus mume*
6 *Scilla* ›Spring Beauty‹
7 Traubenhyazinthen
8 *Jasminum nudiflorum*
9 Akelei
10 *Narcissus* ›Mount Hood‹
11 *Polystichum setiferum*
12 Veilchen
13 *Rosa* ›Mermaid‹
14 *Clematis* ›Perle d'Azur‹
15 *Lunaria biennis* ›Variegata‹
16 *Campanula muralis (portenschlagiana)*
17 *Hosta sieboldiana*
18 *Viola cornuta*
19 Elfenblume
20 *Cotoneaster salicifolius*
21 *Hedera colchica* ›Paddy's Pride‹
22 *Clematis* ›Jackmanii Superba‹
23 *Hosta* ›Gold Standard‹
24 *Narcissus* ›Spellbinder‹
25 Günsel (bronzefarben)
26 *Iris reticulata*
27 Sterndolde
28 *Narcissus* ›Trevithian‹
29 Primeln
30 Kapuzinerkresse
31 *Pyracantha* ›Mojave‹
32 *Narcissus* ›Cheerfulness‹
33 *Digitalis* × *mertonensis*
34 *Tiarella cordifolia*
35 *Garrya elliptica*
36 Salomonssiegel
37 *Euphorbia polychroma*
38 *Clematis tangutica*
39 *Helleborus foetidus*
40 *Hosta* ›Frances Williams‹
41 *Rosa* ›Mme Alfred Carrière‹
42 *Clematis viticella* ›Abundance‹
43 *Mahonia* × ›Charity‹
44 *Narcissus* ›Thalia‹
45 *Nicotiana affinis* (weiß)
46 Bergenien

sige Winterblüher *Jasminum nudiflorum* muß an einen Platz gepflanzt werden, wo er deutlich zu sehen ist; das gleiche gilt für den Feuerdorn und den Cotoneaster. Die etwas empfindliche Rose ›Mme Alfred Carrière‹ gedeiht meiner Ansicht nach besser im Schatten als in der Sonne. Da sie nur einmal im Jahr blüht, habe ich sie von einer herbstblühenden Clematis durchwachsen lassen und eine Mahonie *Mahonia* × ›Charity‹ davorgesetzt. Christrosen, Funkien und Salomonssiegel *Polygonatum* gedeihen gut in dieser Rabatte. Da sie sich von Jahr zu Jahr stärker ausbreiten, setze ich am Anfang, solange die Stauden noch klein sind, zweijährige Pflanzen wie Silberpfennig rings herum.

Da diese Rabatte in erster Linie ein Winter- und Frühjahrsbeet sein soll, verwende ich Zwiebelgewächse in Fülle: Schneeglöckchen, Traubenhyazinthen, *Scilla* und Narzissen. Zwischen die Narzissen pflanze ich Akelei und Fingerhut. Wenn die Zwiebelpflanzen ein oder zwei Jahre in Ruhe gelassen werden, breiten sie sich aus und bringen eine Menge Blütenstiele hervor, die wir für unsere Vasen schneiden können. Die kleineren Zwiebelpflanzen wachsen gerne unter einer Japanischen Aprikose *Prunus mume*, die im Spätwinter blüht. Hier fühlen sich auch Farne und großblättrige Bergenien wohl.

Niedrige Pflanzen mit entzückenden kleinen Blüten für Sträuße sind Hauptbestandteil der Vorderfront des Beetes. Blauer Günsel *Ajuga* gesellt sich zu gelber Wolfsmilch *Euphorbia polychroma*, und die Schaumblüte *Tiarella cordifolia* bietet zusammen mit Christrosen einen reizvollen Anblick. Die Narzissen *Narcissus* ›Thalia‹ werden nach der Blüte herausgenommen und durch weißen Ziertabak *Nicotiana affinis*, Begonien *Begonia* ›Thousand Wonders White‹ oder weiße Fleißige Lieschen ersetzt.

WINTER

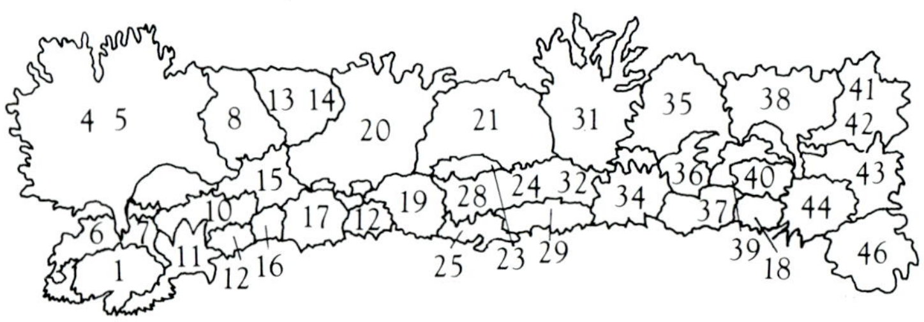

FRÜHLING

WINTER

FRÜHLING

WIE DIE FARBPALETTE EINES MALERS

Wenn Sie beim Durchwandern eines Gartens bemerken, daß sich Farben, Texturen, Formen und Größen zu einer wunderbaren Harmonie zusammenfügen, dann wissen Sie sofort, daß hier ein Künstler am Werk war. Das gleiche empfindliche Gespür – genaue Beobachtung der Details und Blick für Farben – ist notwendig, um schöne Blumenarrangements anzufertigen, aber glücklicherweise beschränkt sich dieses Talent nicht – wie in der Malerei – auf einige wenige Begabte.

Es gibt feine Unterschiede in der Farbe der Blüten im Garten und im Haus. Der Grund dafür sind die Intensität des Lichtes, die Entfernung, aus der die Blumen betrachtet werden, und das vorherrschende Grün des Gartens im Vergleich mit den Farben des Hauses.

Das Tageslicht ist im Garten immer heller. Je stärker das Sonnenlicht, um so leuchtender wirken die warmen Farben Rot, Orange und Gelb. Gegenstände oder Kleider, die man in einem Land gekauft hat, in dem das Licht ganz intensiv ist, wirken mitunter zu grell, um sie in den gedämpften nördlicheren Breiten verwenden oder tragen zu können. Das gleiche gilt auch für gewisse Pflanzen. Denken Sie nur an scharlachroten Eibisch, rote und purpurfarbene Bougainvilleen oder leuchtendrote Geranien.

Im Haus verleiht das grelle künstliche Licht allen Dingen einen gelben Schimmer – cremige Farben werden goldener, und Blautöne tendieren zum Grün –, es sei denn, sie enthalten Purpur, dann werden sie dunkler. Auch Mauvetöne werden dunkler, Rottöne dagegen leuchtender, sobald sie zum Orange hinneigen. Experimentieren Sie selbst mit diesen Farben. Arrangieren Sie einen Strauß im Tageslicht, der mit der Farbe eines Porzellans bzw. eines Vorhangs im Zimmer übereinstimmt oder sich harmonisch mit ihr verbindet, und ziehen Sie dann die Vorhänge zu: Sie werden sehen, wie sich die Farben im elektrischen Licht verändern. Falls Sie das Licht in Ihren Räumen mit einem Dimmer regulieren können, werden Sie feststellen, daß Rot-und Gelbtöne sich intensivieren, sobald das Licht stärker wird. Blau, Purpur, Braun und Rosa werden dagegen dunkler.

Kerzenlicht umschmeichelt die Blumen wie die Gesichter der Menschen. Verwenden Sie also möglichst häufig Kerzenlicht auf Ihrem Eßtisch, und arrangieren Sie die Kerzen so, daß der Blumenschmuck direkt von ihnen beschienen wird. Das flackernde Kerzenlicht wirft immer neue Schatten auf die Blumenblätter und erfüllt jede Blüte mit Leben. Versuchen Sie es einmal mit Storchschnabel *Geranium* ›Johnson's Blue‹ und Frauenmantel *Alchemilla mollis*, mit rosafarbenen Verbenen *Verbena* ›Sissinghurst‹ und verschiedenen weißen Blumen oder mit Katzenminze und goldenen Blättern. In jedem Fall müssen Sie Grün dazustecken, um den Strauß zu füllen. Wie im Garten hat es auch im Haus die Funktion, die Farben miteinander zu verbinden.

DIE FARBEN IM LAUFE DES JAHRES

Ich bringe jede Jahreszeit mit einer besonderen Farbpalette in Verbindung. Der Frühling mit seiner Fülle an Zwiebelpflanzen zeigt sich in Weiß- über Creme- bis zu dunklen Gelb-, Blau- und Purpurtönen. Die nützlichen grauen Laubpflanzen haben sich noch nicht voll entwickelt, so daß die Farben eher frisch als sanft

wirken – ein Effekt, der durch das Limonengrün der sich öffnenden Blätter und austreibenden Stauden noch verstärkt wird. Rottöne verwende ich in dieser Jahreszeit im allgemeinen nur spärlich, obwohl ich das dunkle samtige Karmesinrot der *Primula* ›Barnhaven‹ besonders liebe und sie gerne in großen Gruppen pflanze, während ich mich sonst darauf beschränke, nur hier und da mit scharlachroten Tulpen leuchtende Farbakzente zu setzen.

Im Sommer kommen die warmen Farbtöne zu ihrem Recht, aber selbst in dieser Jahreszeit wird ihre Leuchtkraft von den Grüntönen der Rasenflächen, der Bäume und des Laubs in den Rabatten abgedämpft. Jetzt kann man karmesinrote Pfingstrosen pflücken, auch Mohn, Fackellilien, Dahlien, Ringelblumen, Alstroemerien, Astern und ein- und mehrjährige Rudbeckien. Rosen gibt es in allen Farbtönen, die das Herz begehrt, in leuchtenden Rot- und Gelbtönen, in Rosatönen bis hin zu Apricot und Weiß.

Im Garten mische ich gerne meine sommerlichen Blau- und Mauvetöne mit Zitronengelb und satteren Gelbtönen: Glockenblumen, Veilchen, Rittersporn, Himmelsleiter *Polemonium caeru-*

leum, Wiesenraute *Thalictrum aquilegifolium*, Skabiosen, Katzenminze und Jungfer im Grünen zusammen mit den gelbblühenden Pflanzen Färberkamille *Anthemis tinctoria*, Frauenmantel *Alchemilla mollis* und den goldfarbenen Blättern der Funkien, des Sommerjasmins *Philadelphus coronarius* ›Aureus‹ und des Ligusters *Ligustrum ovalifolium* ›Aureum‹. Diese Farbtöne lassen sich schön durch graulaubige Pflanzen miteinander verbinden: *Artemisia* ›Powis Castle‹, Heiligenkraut *Santolina*, Wollziest *Stachys lanata*, Lavendel, Buschiger Gamander *Teucrium fruticans* und die nach Curry duftende Strohblume *Helichrysum angustifolium*. Weiße Rosen, Lilien, Ziertabak, Schleierkraut, *Galtonia candicans* und die weißen Blüten der Funkie *Hosta* ›Royal Standard‹ können als Ersatz für graue Blätter verwendet werden.

Mit dem Nahen des Herbstes verlieren die Grüntöne an Dominanz, da die Blätter an den laubabwerfenden Bäumen und Sträuchern ihre Farben verändern und schließlich abfallen.

REFLEXE VON SONNE UND HIMMEL *Gelb- und Blautöne überziehen den Garten im Frühling und im Sommer, aber der Eindruck, den sie dann hervorrufen, ist sehr unterschiedlich. Früh im Jahr gibt es kein Gegengewicht zum schweren Gelbton der Narzissen und zum ebenso intensiven Blau der Traubenhyazinthen (links); später aber, wenn sich das Grün der Pflanzen voll entwickelt hat, wirken die gleichen kräftigen Farbtöne weicher und harmonischer (oben).*

Auch die immergrünen Gewächse werden oft im Ton dunkler, und in Ihrer Bepflanzung können Sie eine Farbpalette verwenden, die von Rottönen, die nun sanfter sind als im Sommer, beherrscht wird, gemischt mit Bronzetönen, dunklem und rostigem Orange sowie tiefem Gelb. Es ist dies der einzige Zeitpunkt im Jahr, an dem ich gerne Rot und Gelb kombiniere; das gelbe Laub ist gewöhnlich orangefarben überhaucht, und einige Bäume wie der Amberbaum *Liquidambar* und die *Parrotia* verbinden alle diese Farben in einem einzigen Blatt.

Wählen Sie für die Rabatte solche Farbschattierungen aus, die die sich wandelnde Stimmung im Garten unterstreichen. Pflanzen Sie dunkelbronzefarbene Margeriten möglichst zusammen mit blasseren Farbtönen, und vergessen Sie nicht die purpurfarbenen und goldenen Rudbeckien, die im Haus dann im Licht des Kaminfeuers leuchten.

Im Winter können der nackte Boden, die Zweige, die sich wie ein Schattenriß gegen den grauen Himmel abheben, und der Schnee die größte Einheitlichkeit in der Farbe schaffen. Der Hintergrund erzeugt eine andersartige Stimmung, und die Blüten an den Sträuchern treten deutlicher hervor, obwohl sie klein und in den Farben eher gedeckt sind. Jetzt kann man verschiedene Schneeballarten, Glockenheide *Erica*, Winterblüte *Chimonanthus praecox* und Wintergeißblatt *Lonicera fragrantissima* genießen, und die Mahonien und der Gemeine Seidelbast *Daphne mezereum* beginnen zu blühen. Sie alle haben feine, etwas wächserne Blüten, deren zarte Schönheit erst richtig zu Geltung kommt, wenn man sie abgeschnitten und ins Haus gebracht hat. Ihre Düfte, die sich in den warmen Räumen noch stärker entfalten, haben etwas Wunderbares. Die flüchtige Natur der Winterfarben läßt sich auch an den Beeren verdeutlichen: Sobald es draußen kälter wird, fressen die Vögel sie ab, und sie verschwinden aus dem winterlichen Farbbild.

Beschränkung der Farbpalette

In einem kleinen Garten, in dem fast alles auf einen Blick sichtbar ist, sollte man sich meiner Ansicht nach für jede Jahreszeit nur auf einen bestimmten Abschnitt des Farbspektrums beschränken. Das bedeutet, daß Sie auf einige Blumen verzichten müssen, die nicht in Ihre Farbskala passen. In einem größeren Garten, der in einzelne Segmente unterteilt ist, oder in einem langen schmalen Garten, den Sie vielleicht in zwei oder drei Abschnitte unterteilen möchten, können Sie den Ideen großer Gärtner folgen – Lawrence Johnston z. B., der in Hidcote rote Rabatten angelegt, und Vita Sackville-West, die für Sissinghurst ihren berühmten weißen Garten entworfen hat; über den goldfarbenen, den blauen und den grünen Garten hat Gertrude Jekyll geschrieben.

Ich habe festgestellt, daß sich in einer roten Rabatte bläulichrote Blumen nicht so gut mit orangeroten vertragen. Wenn es sich dagegen um rotes Laub handelt, scheinen die verschiedenen Rottöne gut miteinander zu harmonieren. Grau paßt zu Rot besser als reines Weiß, und wenn ein besonderer Rotton zu grell für Ihre Rabatte ist, sollten Sie ihn nicht mit weißen Blumen abzumildern versuchen, sondern einen gedämpfteren oder dunkleren Ton des gleichen Rots hinzufügen.

Wenn Sie die weißen Blumen in Ihrem Garten genau studieren und wenn Sie darüber hinaus Vita Sackville-Wests weißen Garten zum Vorbild nehmen, wie es schon viele Leute getan haben, werden Sie entdecken, wie viele Weißschattierungen es gibt, wie sie dem Garten eine kühle Atmosphäre verleihen und wie stark die Blumen zu dem grauen, grünen und goldenen Laub kontrastieren.

Nur wenige Blumen sind reinweiß; meistens haben sie einen Hauch oder feine Markierungen einer anderen Farbe. Man kann diese untergeordnete Farbe mit den Blumen, die Sie zum Pflücken anpflanzen, akzentuieren. Schneeglöckchen haben grüne Markierungen, *Clematis* ›Miss Bateman‹ hat schokoladenbraune Staubgefäße statt der üblichen gelben, und *Lilium regale*, eine der Lilienarten, die sich besonders leicht ziehen läßt, hat eine schwefelgelbe Mitte. Die grau-weißen Blüten des Felberichs *Lysimachia ephemerum* bilden einen schönen Kontrast zu seinem grau-grünen Laub. Fügt man ein blaues Element zwischen die weißblühenden Pflanzen, dann wird die Wirkung der grauen Blätter noch verstärkt.

Viele Blätter haben weiße oder cremefarbene Ränder und Adern. Der Aronstab *Arum italicum* ›Pictum‹ ist unverzichtbar vom Herbst, wenn er auszutreiben beginnt, bis zum Frühjahr, wenn seine Blätter langsam verwelken. Die hübschen Blätter des panaschierten Kaukasusvergißmeinnichts *Brunnera macrophylla* ›Variegata‹ tragen cremefarbene Flecken, und das Laub der dekorativen Erdbeeren *Fragaria* × *ananassa* ›Variegata‹, das sich so hübsch in Blumensträußen und -gestecken verarbeiten läßt, ist im Garten von auffallender Wirkung.

Gold und Silber *Ein Garten mit weißen Blumen kann niemals ganz weiß wirken; seine Stimmung ist von den Farbnuancen der übrigen Blumen und des Blattwerks abhängig. Gelb und Gold (unten) setzen einen Akzent von Sonnenlicht und Üppigkeit. Silbernes und graugrünes Laub (rechts) bringt eine ruhigere, kontemplative Stimmung in den Garten.*

Eine mit Goldfarben gestaltete Rabatte, die in der Sonne funkelt, besonders wenn sie nach Süden ausgerichtet ist, kann sehr eindrucksvoll sein. Sie muß aber sorgfältig konzipiert werden und unbedingt auch graue, blaue und purpurfarbene Töne enthalten. Rot- und Rosatöne sollten beiseite gelassen werden. Die anderen Farbtöne müssen so eingesetzt werden, daß sie das Goldgelb hervortreten lassen, aber nicht von ihm ablenken: Eine Stechpalme mit purpurfarbigen Blättern sollte teilweise von goldblättrigen Sträuchern verdeckt werden, während eine Stechpalme mit gelber Zeichnung – vielleicht *Ilex × attaclarensis* ›Lawsoniana‹ – an eine exponiertere Stelle gesetzt werden kann. Vor der Pflanzung sollten die Farben aufeinander abgestimmt werden; zwei kräftige Gelbtöne trennt man z. B. am besten durch einige blaßgelbe oder graue Pflanzen.

Denken Sie auch an das Verhältnis von Textur und Farbe: Ein locker wachsender Ginster in Blüte macht sich gut neben einem kompakten gelbblättrigen Strauch wie Sommerjasmin *Philadelphus coronarius* ›Aureus‹. Funkien mit gelben Blättern können Fingerkraut *Potentilla* ›Elizabeth‹, goldfarbene Färberkamille *Anthemis tinctoria* mit ihren asternartigen Blüten, Sonnenblumen *Helianthus* ›Loddon Gold‹ und Mädchenauge *Coreopsis verticillata* ›Moonbeam‹ ergänzen. Goldfarbene Koniferen sind zwar sehr beliebt, beherrschen aber leicht den Garten, und ich persönlich mag sie in Blumenarrangements nicht, es sei denn als Winterschmuck in einer flachen Vase.

Wegen ihrer filigranen Texturen und als Kontrast zu den rein goldenen Blättern sollten Sie auch auf Pflanzen mit gelb gezeichneten Blättern zurückgreifen. Ich denke dabei an Gräser wie Pfeifengras *Molinia coerulea* ›Variegata‹ oder den reizvollen Bambus *Arundinaria pygmea* ›Viridistriata‹ und an Hartriegel *Cornus alba* ›Spaethii‹, Ölweide *Elaeagnus pungens* ›Maculata‹ und an die panaschierten Formen von Pfaffenhütchen, Stechpalme und Buchsbaum.

Es ist auch einfacher, einen blauen Garten zu gestalten als einen goldfarbenen, solange Sie die Blautöne mit Purpurschattierungen von den leuchtenden Blautönen wie Vergißmeinnicht und einigen Rittersspornarten fernhalten. Zu den purpurblauen Stauden zählen *Iris sibirica*, Lavendel, violettblaue Lupinen, Glockenblumen *Campanula glomerata* ›Superba‹ und *C. persicifolia*, Flockenblumen *Centaurea dealbata* ›John Coutts‹ und Katzenminze. Blauer *Agapanthus* sieht am schönsten aus, wenn er durch graues Laub wächst – ich verwende *Artemisia ludoviciana* und *A.* ›Powis Castle‹. Alle Edeldisteln eignen sich gut zum Schneiden; die silbrig schimmernden verbinden sich gut mit allen Blautönen, während die mehr metallischblauen besser zu den helleren Blautönen wie Rittersporn *Delphinium* ›Blue Jay‹ passen.

Im Laufe der Geschichte sind immer wieder einheitlich grüne Gärten geschaffen worden, in denen in Form geschnittene Pflanzen, Muster und Texturen die fehlenden Farben ersetzten. Eine solche Bepflanzung strömt große Ruhe aus und kann befriedigender sein als eine Explosion von Farben.

Die Farben der Pflanzen hängen eng mit ihren Texturen zusammen. Die Blätter von Orangenblume *Choisya, Aucuba* und Stechpalme sind großenteils so intensiv grün, weil sie eine glänzende, wächserne Oberfläche haben. Vergleichen Sie damit etwa die Blätter des Frauenmantels *Alchemilla mollis.* Deren löschpapierartige Textur verleiht ihnen eine einheitliche Tönung, die aber aufgrund der feinen Blattformen nicht langweilig wirkt. Die behaarte Oberfläche vieler graulaubiger Pflanzen trägt dazu bei, daß sie sich wollig anfassen, und ist ein wesentlicher Grund für die Sanftheit ihres Grautons, genau wie Samt ebenso durch seine weiche Oberfläche wie durch seine vollen Juwelenfarben seinen Samtcharakter erhält. Zu lernen, wie man Texturen mischt oder staffelt, ist genauso wichtig wie die Fähigkeit, ein Gleichgewicht zwischen den Farben herzustellen.

Im Garten haben die Pflanzen keine Konkurrenten, abgesehen von ein paar bunt gekleideten Leuten, einer gestreiften Markise oder einem türkisfarbenen Swimmingpool. Alle hier wahrgenommenen Farben stammen von Blumen und Blättern. Im Haus verhält es sich ganz anders. Hier müssen die Blumenarrangements darum kämpfen, zwischen all den farbigen Tapeten, Stoffen, Dekorationen und Bildern, die in jedem Raum um Aufmerksamkeit buhlen, aufzufallen. Blumenbinder denken normalerweise zuerst einmal daran, daß die Blumen zu den Stoffen im Raum passen müssen; ich rate Ihnen aber, alle Dekorationselemente in Ihren Räumen zu berücksichtigen. Gewisse Akzente können Sie setzen, indem Sie Farben für Ihre Blumenarrangements auswählen, die die Farben eines geliebten Bildes oder Zimmerschmucks in den Vordergrund treten lassen, die vielleicht die Farbtöne der Buchrücken aufnehmen oder die zu den leuchtenden Farben der Töpfe oder Gefäße in Ihrer Küche passen.

Bei der Menge konkurrierender Farben im Haus sind die prächtigen einzelnen Blüten von Rosen, Pfingstrosen und Rhododendren dazu prädestiniert, in großen Sträußen und Gestekken einen Ehrenplatz zu bekommen oder auch ganz alleine, ohne schmückendes Beiwerk, eine Vase zu füllen. Damit spreche ich den größten Unterschied zwischen Blumen im Haus und Blumen im Garten an. Im großen und ganzen werden die Pflanzen im Garten mehr als farbige Masse und nicht als Individuen wahrgenommen. Bringt man nun die gleichen Pflanzen ins Haus, dann erhält jedes Element sein Eigengewicht, denn jetzt stehen sie im Blickpunkt. Jede Blattzeichnung, jede Schattierung im Blütenblatt wird wahrgenommen und bewundert.

So wunderbar auch kunstvolle Blumengestecke oder Sträuße sein mögen, für mich entsteht eine der einfachsten und befriedigendsten Wirkungen dadurch, daß ich hier ein Blatt und dort eine Blüte pflücke und sie wie zufällig in einer flachen Schale auf einem Tisch arrangiere, wo sie ganz aus der Nähe betrachtet werden können. Wenn Ihr Garten farblich harmonisch gestaltet ist, können Sie sicher sein, daß dieser zwanglose Blumenschmuck niemals auch nur einen Anflug von Disharmonie zeigen kann, gleich welche Farben Sie auch immer auswählen. Am wichtigsten aber ist es, daß Sie bei der Arbeit ganz allmählich und ohne Mühe zwei grundlegende Lektionen über die gärtnerische Arbeit und das Arrangieren von Blumen lernen – zum einen, eine innige Beziehung zu den Pflanzen in Ihrem Garten zu entwickeln, und zum anderen, die schier grenzenlosen Textur- und Farbveränderungen zu erkennen, die Ihnen die Augen für neue Planungs- und Bepflanzungsmöglichkeiten öffnen werden.

GEDÄMPFTE TÖNE *Einige der sanftesten Farbtöne der Palette des Gärtners liegen im Lavendel/Rosa-Bereich. Schnittlauchblüten, Akelei und die* Clematis *›Nelly Moser‹ (links) reflektieren einander auf elegante Weise.*

KONTRAST UND ERGÄNZUNG *Auch aufregende Farbkontraste haben im Garten ihren Platz. Leuchtend rosafarbene Tulpen (ganz oben) intensivieren das Violett der Veilchen. Blüten in unterschiedlichen Abstufungen des gleichen Farbtons – Pfingstrosen und* Kolkwitzia amabilis *– unterstreichen ihre Wirkung wechselseitig (Mitte). Einen einfachen, aber wirkungsvollen Kontrast erzielt man mit Jungfer im Grünen und scharlachrotem Klatschmohn* Papaver rhoeas *(rechts).*

EIN INSELBEET IN KÜHLEN FARBEN

Das 9 Meter lange nierenförmige Inselbeet habe ich mit Pflanzen in kühlen Farben gestaltet, die vorwiegend im Frühling und im Sommer blühen. Natürlich habe ich auch einige immergrüne Gehölze dazwischengesetzt.

Wenn ich die Form der Rabatte aufgezeichnet habe, wähle ich zunächst die Büsche aus und markiere ihren Standort. In diesem Beet sind es fünf: die immergrüne Duftblüte *Osmanthus delavayi* mit ihren kleinen, aber glänzendgrünen Blättern; die silbrig gefleckte Form des Ligusters *Ligustrum ovalifolium* und drei laubabwerfende blühende Sträucher – Sommerjasmin, Kolkwitzie und Schneeball *Viburnum plicatum*. Sie können einen dieser Sträucher auch durch einen blaublühenden Eibisch ersetzen.

Danach wähle ich die Pflanzen für den Rand meiner Rabatte aus. Auf der schattigen Seite stehen Christrosen, Farne, Bergenien und Lungenkraut. Im Idealfall sollten Sie die sonnige Seite der Rabatte vom Haus oder dem wichtigsten Sitzplatz im Garten sehen können, da sie eine Fülle an sommerlichen Farben enthält. Hier gedeihen Jungfer im Grünen und Nelken, große Funkienblätter in mehreren Sorten und karmesinrotes Löwenmäulchen. Glockenblumen *Campanula persicifolia* ragen hoch auf hinter Skabiosen *Scabiosa caucasica* ›Clive Greaves‹ und Jungfer im Grünen, und *Agapanthus* bildet einen schönen Hintergrund für den Wollziest *Stachys lanata*. Die Blütenähren des Rittersporns erheben sich zwischen den Sträuchern in der Mitte des Beetes, und der majestätisch aufragende Akanthus bildet einen kräftigen Kontrast zu den rundlichen Formen der Funkien und Nelken im Vordergrund.

Frühlingsblühende Zwiebelgewächse, die überall in die Rabatte gepflanzt wurden, erwecken den Eindruck von Üppigkeit und liefern eine Menge Schnittmaterial.

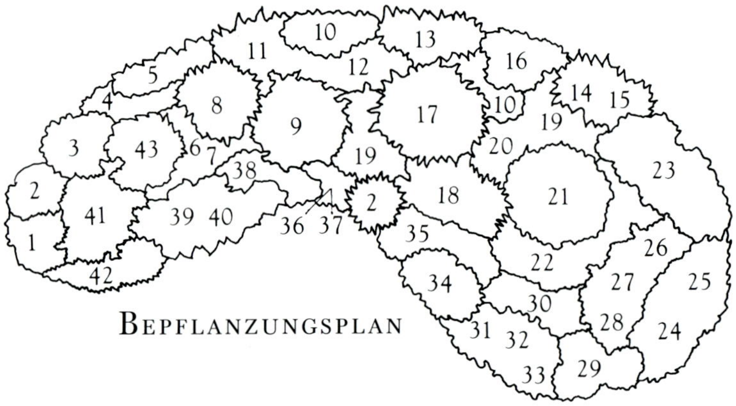

BEPFLANZUNGSPLAN

FRÜHLING

BEPFLANZUNGSPLAN

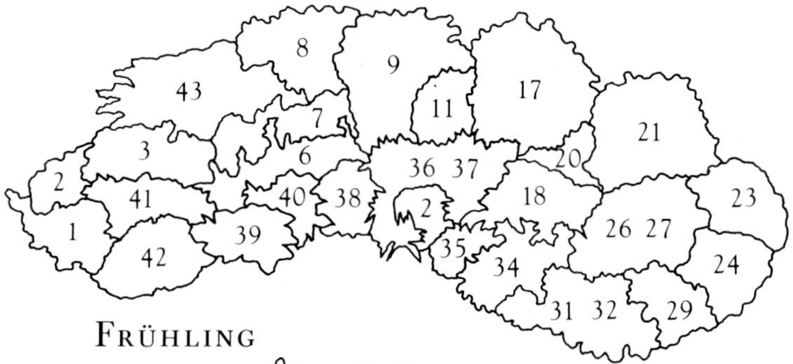

FRÜHLING

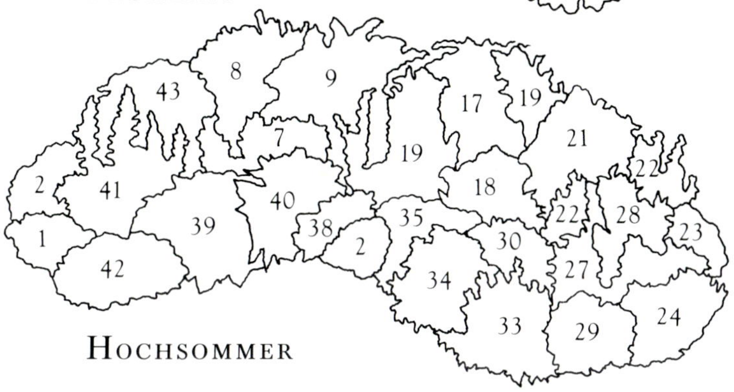

HOCHSOMMER

1 *Saxifraga × urbium*
2 *Santolina incana*
3 *Helleborus foetidus*
4 *Muscari armeniacum*
5 *Epimedium sulphureum*
6 *Tulipa* ›West Point‹ (gelb)
7 Silberpfennig (weiß)
8 *Ligustrum ovalifolium* ›Argenteum‹
9 *Philadelphus* ›Belle Etoile‹
10 *Pulmonaria saccharata* ›Argentea‹
11 *Tulipa* ›White Triumphator‹
12 Sommermargerite
13 *Polystichum setiferum*
14 Wurmfarn
15 *Asplenium scolopendrium*
16 *Helleborus orientalis*
17 *Kolkwitzia amabilis*
18 *Agapanthus* ›Headbourne Hybrids‹
19 Rittersporn
20 *Tulipa* ›Mariette‹ (rosa)
21 *Osmanthus delavayi*
22 *Campanula persicifolia*
23 *Bergenia cordifolia* ›Purpurea‹
24 *Nepeta mussinii*
25 Puschkinie
26 *Narcissus* ›Flower Record‹
27 Akelei
28 Madonnenlilie
29 *Sedum* ›Autumn Joy‹
30 *Scabiosa caucasica* ›Clive Greaves‹
31 *Scilla siberica*
32 *Primula* ›Barnhaven‹
33 Löwenmäulchen (karmesinrot)
34 Wollziest
35 Jungfer im Grünen
36 *Narcissus* ›Trevithian‹
37 *Narcissus* ›Mount Hood‹
38 *Euphorbia polychroma*
39 *Hosta* ›Frances Williams‹
40 *Hosta fortunei* ›Aurea‹
41 *Acanthus spinosus*
42 Nelken
43 *Viburnum plicatum* ›Mariesii‹

HOCHSOMMER

EIN INSELBEET IN WARMEN FARBEN

Für dieses 5 Meter lange und 3½ Meter breite Inselbeet habe ich Sträucher mit goldenem und grünem Laub ausgewählt, die das Gerüst der Bepflanzung bilden. Die immergrünen Pflanzen *Hebe rakaiensis*, Stechpalme *Ilex* × *altaclarensis* ›Lawsoniana‹, Pfaffenhütchen *Euonymus fortunei* ›Emerald and Gold‹ und Bambus *Arundinaria viridistriata* halten wochenlang in der Vase, und der goldene Liguster *Ligustrum ovalifolium* ›Aureum‹ eignet sich das ganze Jahr über zum Schneiden, es sei denn, es gäbe einen harten Winter. Diese Sträucher beleben die Rabatte im Winter, während im Sommer der wunderbar duftende weiße Jasmin und der aufsehenerregende Spierstrauch *Spireaea* × *bumalda* ›Goldflame‹ mit seinen gold- und rotgefärbten Blättern diese Rolle übernehmen. Außerdem wachsen dort weiße und rote Rosen.

In die Freiräume zwischen die Gehölze, die das Grundgerüst der Rabatte bilden, habe ich winterharte Stauden, ein paar Sommerblumen und frühjahrsblühende Zwiebelpflanzen gesetzt. Die Farben bewegen sich von leuchtenden Rot- über Orange- bis hin zu Gelbtönen, wobei die Rottöne zu Gelb tendieren. Diese Rabatte sieht schon hübsch aus, wenn sich das erste frische Grün zeigt und die Zwiebelpflanzen blühen, aber ihre beste Zeit liegt im Sommer und Herbst, wenn sie uns mit reichem Material für unsere Vasen versorgt.

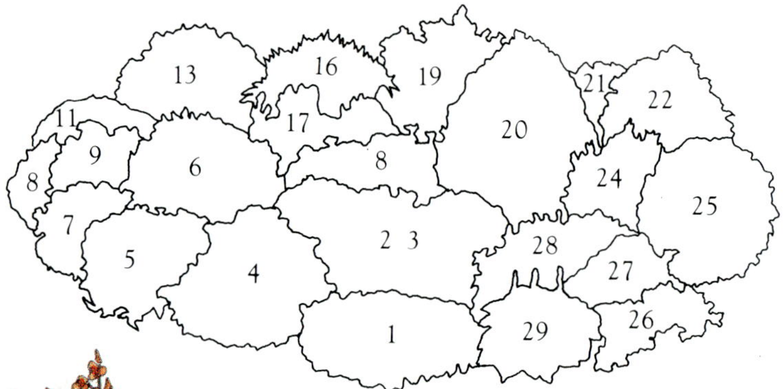

HOCHSOMMER

Bepflanzungsschlüssel

1 *Coreopsis auriculata* ›Superba‹
2 Mohn (orangerot)
3 *Artemisia* ›Powis Castle‹
4 *Spiraea × bumalda* ›Goldflame‹
5 *Zinnien*
6 *Ligustrum ovalifolium* ›Aureum‹
7 Ringelblumen
8 Goldener Majoran
9 Dahlien (orangerot)
10 Dahlien (weiß)
11 *Hebe rakaiensis*
12 *Viola cornuta* ›Alba‹
13 Floribundarose (rot)
14 *Anaphilis triplinervis*
15 *Hosta* ›Gold Standard‹
16 *Crocosmia × crocosmiiflora* ›Emily McKenzie‹
17 Silberpfennig (dunkelmauve)
18 *Gaillardia* ›Mandarin‹
19 Alstroemerien
20 *Ilex × altaclarensis* ›Lawsoniana‹
21 *Euonymus fortunei* ›Emerald and Gold‹
22 *Rosa* ›Iceberg‹
23 *Viola cornuta* ›Belmont Blue‹
24 *Arundinaria viridistriata*
25 *Philadelphus microphyllus*
26 Kapuzinerkresse
27 *Anthemis tinctoria*
28 *Rudbeckia hirta* ›Marmalade‹
29 *Hosta* ›Frances Williams‹

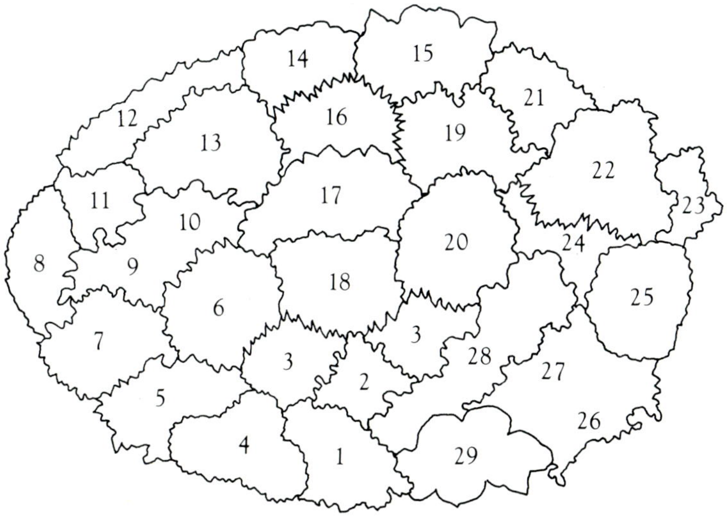

Bepflanzungsplan

Herbst

KRÄUTER IM BLUMENGARTEN

Frische Kräuter aus dem Garten sind nicht nur in der Küche ein Vergnügen, sondern auch eine ungewöhnliche Zutat für unsere Vasen: Petersilie, Fenchel, Salbei und Thymian sehen anmutig in Biedermeiersträußen aus, während sich Liebstöckl und Angelika besser für große Buketts eignen. Kräutergärten bieten im Sommer ein romantisches Bild; sie müssen aber nach einem strengen Plan angelegt sein, wenn sie auch im Winter ihren Reiz haben sollen. Falls Sie keinen gesonderten Kräutergarten einrichten wollen, können Sie die meisten Kräuter auch zwischen den Blumen und Sträuchern in Ihren Rabatten ziehen.

Angelika *Angelica archangelica*, die bis zu zwei Meter hoch wird, gehört zu den stattlichsten der mehrjährigen Kräuter. Ihre Blüten und Samenköpfe sehen wunderbar in einem Strauß aus. Pflanzen Sie sie in der Rabatte nicht zu weit nach hinten, damit Sie leicht an sie herankommen und die Samenstände abschneiden können, bevor zu viele Samen ausgefallen sind und sich rings um die Pflanzen verteilt haben. Auch Alant *Inula helenium* und Liebstöckl *Levisticum officinale* werden zwei Meter hoch. Alant hat riesige Blätter und zottige Spätsommerblüten, die wie Sonnenblumen aussehen. Bei mir wächst er hinter einem goldblättrigen Liguster, und die beiden Gelbtöne ergänzen sich gut. Die jungen Pflanzen des Liebstöckl sind karmesinrot; sie sind reizvoll im Garten und ungewöhnlich in einem frühsommerlichen Vasenschmuck.

Fenchel *Foeniculum vulgare* ist im Garten unverzichtbar wegen seines Aromas und seines gefiederten Laubs, das entweder grün oder wundervoll bronzefarben ist. Er paßt zu fast jeder Pflanze im Garten und trägt den ganzen Sommer über zur Schönheit der Rabatte bei. Wenn Sie ihm erlauben, sich selbst auszusäen, wird er eines Tages wie durch Zauber zwischen anderen Stauden hervorwachsen. Die Blätter halten nicht lange in der Vase, geben aber frisch ein eindrucksvolles duftiges Bild.

Es gibt eine große Auswahl an niedriger wachsenden winterharten mehrjährigen Kräutern. Die im Spätsommer blühende Indianernessel *Monarda* hat reizvolle, duftende Blätter und Blüten in Farbtönen von Rosa bis hin zum dunkelsten Mauve. Fingerhut *Digitalis* eignet sich gut zum Auffüllen von Lücken, ebenso die Nachtviole *Hesperis matronalis* mit ihren vielen weißen oder lilafarbenen Blüten.

Einige der niedrigen strauchartigen Kräuter sind wichtig als Bepflanzung des Rabattenrands. Zu ihnen zählen Lavendel, Salbei, Rosmarin, Santolinen und Eberraute *Artemisia abrotanum*. Katzenminze *Nepeta × faassenii* wird nach alter Tradition unter Rosen gepflanzt; sie läßt sich gut mit Lavendel verbinden. Pflanzen Sie Rosmarin an einen sonnigen Platz in die Nähe Ihres Hauses, um schnell ein paar Zweige für Ihre Lammkeule zur Hand zu haben und ihn für Sträuße zu pflücken, wenn er in Blüte steht. Eberraute eignet sich vorzüglich als niedrige Hecke oder Randbepflanzung, insbesondere als Rahmen für Rosenbeete, wenn sie im Frühjahr kräftig zurückgeschnitten und im Sommer immer wieder gestutzt wird, um sie in Form zu halten.

Viele andere Kräuter sind geeignete Beetrandpflanzen – Thymian in den verschiedensten Sorten, Walderdbeeren *Fragaria vesca*, Basilikum, Ysop und Petersilie. Schnittlauch ist eine hübsche Zierpflanze, wenn er in Blüte steht. Pflanzen Sie deshalb genug davon, damit einige Pflanzen ihre Blüten entwickeln können, ohne vorher von Ihnen für den Kochtopf abgeschnitten zu werden.

Kamille *Anthemis nobilis* oder *Chamomilla recutita* (einjährig), Thymian, Nelken und Ysop – alles niedrig wachsende Pflanzen – blühen zwischen Pflastersteinen und am Fuße von Stützmauern. Blaugraue Raute *Ruta graveolens* bildet einen schönen Kontrast zu dunkelgrünen Blättern, und Basilikum, Petersilie und goldener Majoran *Majorana hortensis* gedeihen gut in Töpfen. Minze ist immer ein Problem; sie ist ein wichtiges Küchenkraut, darf aber nicht in Rabatten gezogen werden, da sie sich wie ein lästiges Unkraut ausbreitet. Falls Sie keinen geeigneten Platz für sie im Gemüsegarten finden, sollten Sie sie unbedingt in einem Topf ziehen.

Und schließlich gibt es noch die Kräuter in leuchtenden Farben wie Kapuzinerkresse und Ringelblume, die die Rabatten beleben. Vielleicht rahmen Sie damit die Ränder eines breiten Weges ein und lassen die Blumen in wunderbaren wellenförmigen Bändern über Kies oder Pflaster kriechen.

Kräuter lassen sich hübsch in Ihre Rabattenplanung einfügen; umgekehrt können Sie aber auch Blumen in Ihren Kräuter- oder Gemüsegarten setzen. Ich bin der Meinung, daß Kräuter und Gemüse an sich schon ein reizvolles Bild bieten, es gibt aber eine Menge Sommerblumen und Stauden, die Sie dazusetzen können. Überlegen Sie, welche Blumen Sie am liebsten in Ihren Sträußen verwenden. Falls Sie größere Mengen brauchen, als Ihre Rabatten Ihnen liefern können, oder falls Sie Blumensorten zum Pflücken haben möchten, die Sie nicht in Ihren Rabatten unterbringen wollen, dann ist der Kräuter- oder Gemüsegarten der geeignete Platz dafür. Im Kräutergarten sollen die Blumen möglichst die Texturen der verschiedenen Blätter ergänzen, während sie sich im Gemüsegarten zwanglos zwischen Karotten und Salat ausbreiten dürfen.

KAPUZINERKRESSE *Das farbenprächtigste aller Kräuter schlängelt sich zwanglos über einen breiten Weg in Claude Monets Garten in Giverny. Kräuter müssen nicht immer nur ein grüner Begleiter für ein Blumenbeet sein. Einige unter ihnen haben bronzefarbenes Laub, und viele bringen herrliche Blüten hervor, wenn man sie blühen läßt, zum Beispiel Borretsch, Ysop, Salbei und Schnittlauch. Die sternförmigen gelben Blüten von Fenchel und Dill müssen aber mit Vorsicht behandelt werden, wenn sie nicht ihre Samen über den Garten ausstreuen sollen.*

EIN KRÄUTERBEET FÜR DEN BLUMENARRANGEUR

Kräuter passen zwar gut in eine Blumenrabatte, aber ich habe eine dekorative Kräuterecke für den Koch entworfen, der auch gerne sein Haus mit Blumen schmückt, jedoch nur wenig Platz in seinem Garten hat. Obgleich die ausgewählten Pflanzen am besten in der Sonne gedeihen – Kräuter lieben Sonne und einen windgeschützten Standort –, liefern die meisten von ihnen Aroma und Farben, selbst wenn wir sie nur im Schatten ziehen.

Um dem Kräutergarten zusätzlichen Reiz zu verleihen, sollte vielleicht das viereckige Beet in der Mitte erhöht und mit Holzbalken oder einer einfachen Ziegelreihe eingefaßt werden. Auch mit einem nur kleinen Niveauunterschied im Terrain läßt sich der Garten lebendiger gestalten. Die vier dreieckigen Beete sind alle mit Backsteinen eingefaßt, um den Kies festzuhalten und um das geometrische Grundmuster zu betonen – vor allem im Winter, denn Kräutergärten können sehr öde wirken, wenn sie keine strenge Struktur aufweisen, die sie auch dann reizvoll macht, wenn alle krautartigen Pflanzen verwelkt sind.

Einem guten Koch darf es nicht an Kräutern fehlen – Petersilie, Thymian, Salbei, Schnittlauch, Ysop, Fenchel, Mangold, Estragon, Basilikum, Rosmarin und Lorbeer, nicht zu vergessen die Blätter der Kapuzinerkresse für den Salat. Neben jedem Zugang zum Zentralbeet wachsen Rosen in verschiedenen Farbtönen. Es bleibt Ihnen natürlich überlassen, sich Rosen auszuwählen, die in Duft und Farbton Ihren Vorstellungen entsprechen. Ich habe mich für die altmodischen Rosen entschieden, da sie am besten zu Kräutern passen. Statt Damaszener- und Bourbonrosen können Sie auch Kletterrosen pflanzen und an einer Pergola emporranken lassen. Im Sommer binden Sie dann duftende Kräutersträußchen, denen Sie mit Rosen, Ringelblumen oder Kapuzinerkresse ein wenig Farbe verleihen.

SOMMER

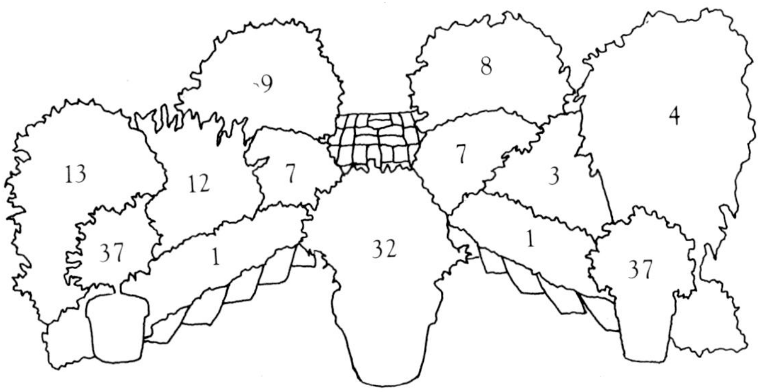

Bepflanzungsschlüssel

1 Thymian
2 *Beta vulgaris cicla* ›Ruby Chard‹
3 Salbei (grau)
4 Fenchel (bronzefarben)
5 Petersilie
6 *Santolina incana*
7 Raute
8 *Rosa* ›Ispahan‹
9 *Rosa* ›Commandant Beaurepaire‹
10 Schnittlauch
11 *Lavendula* ›Hidcote‹
12 Ysop
13 Liebstöckl
14 Winterbohnenkraut
15 Gartenmelde *(Atriplex hortensis* ›Rubra‹*)*
16 *Rosa* ›Bredon‹
17 Waldmeister
18 *Santolina neapolitana*
19 Poleiminze
20 Koriander
21 Purpurner Salbei
22 Fenchel
23 *Rosa* ›Tour de Malakoff‹
24 *Rosa* ›Magenta‹
25 Walderdbeeren
26 *Lavendula* ›Dwarf Munstead‹
27 *Artemisia absinthium*
28 Angelika
29 *Artemisia abrotanum*
30 *Rosa* ›Boule de Neige‹
31 Basilikum (im Topf)
32 Estragon (im Topf)
33 Lorbeer oder Rosmarin
34 Kresse
35 Ringelblume
36 Lilien
37 Duftpelargonien

BLUMEN-ARRANGEMENTS FÜR ALLE JAHRESZEITEN

Die verschiedenen Jahreszeiten stellen mehr oder weniger große Anforderungen an den Garten des Blumenarrangeurs. Jede Saison hat nämlich ihre ganz eigene Atmosphäre, und ich beschwöre Sie, diese Unterschiede in Ihren Arrangements deutlich zu machen. Der Winter ist die Jahreszeit, in der Sie sich mehr im Haus als im Garten aufhalten. In dieser unwirtlichen Zeit fertigen Sie wahrscheinlich gerne Gestecke aus Beeren, Blättern und Zweigen an, die lange Zeit halten. Aus den wenigen wertvollen Gartenblumen binden Sie sicher lieber kleinere Sträuße. Der Frühling beginnt mit einer wahren Explosion von Zwiebelpflanzen. Tulpen, Iris und Narzissen bieten sich dazu an, entweder streng gebunden oder zu dicken Sträußen in einer einzigen leuchtendfrischen Farbe arrangiert zu werden. Im Sommer sind die Menschen gerne draußen, sitzen beisammen und feiern Feste. Der Garten quillt über von Blüten, und niemand kann der Versuchung widerstehen, auch sein Haus mit Blumen zu schmücken. Der Herbst ist eine ruhige, melancholische Jahreszeit – eine Gelegenheit, besonders phantasievoll mit den ausgewählten Blüten und Blättern umzugehen.

✦

LAUB UND BLUMEN IM FRÜHLING

Ein zur Hälfte glasierter französischer Tontopf, der locker mit sanftgrüner Klebsame Pittosporum, *Christrosen und duftenden Tazetten gefüllt ist, reflektiert die milde Frühlingssonne.*

FRÜHLING

Die schlanken Stiele und frischen reinen Farben der Frühlingsblumen und der sprießenden Blätter stellen einen krassen Gegensatz zu den kargen Zweigen und Beeren der vergangenen Wintermonate dar. Plötzlich gibt es eine Menge leuchtender Farben, zwischen denen man für Sträuße und Gestecke auswählen kann – erst Zwiebelgewächse und Primeln, dann Zweige voller Blüten und schließlich Flieder, wenn allmählich der Sommer beginnt. Diese einfachen, lebendigen Blüten bieten sich von selbst dazu an, in ganz natürlichen Arrangements verarbeitet zu werden – zu kleinen Sträußen als Schmuck im Schlafzimmer, zu üppigen Farbbündeln in leuchtenden Krügen und zu einfarbigen Sträußen in schönen Vasen.

✦

BUTTER- UND CREMEFARBEN

Die Blätter des goldgerandeten Pfaffenhütchens Euonymus radicans *ergänzen die Hyazinthen im identischen Butterton. Die Vase ist der Blickfang einer Gruppe aus altem und neuem cremigweißen Steingut. Primeln in einer kleinen Vase, in einen Topf aus Gitterwerk gesetzt, nehmen die Farben wieder auf. Obst, in diesem Fall aprikosenfarbige kalifornische Pflaumen, kann in ein Arrangement miteinbezogen werden, indem man einige Blüten dazwischenstreut.*

SCHWIMMENDE KAMELIEN

Die wächsernen Kamelien sind sehr frostempfindlich; die zarten Ränder ihrer Blüten vertrocknen dann leicht. Sie sollten deshalb besonders liebevoll behandelt werden. Blaßrosa Kamelienblüten, die in einer flachen Fruchtschale auf einem Silbertablett schwimmen, sind ein eleganter Tischschmuck zu einem Abendessen. Die dunkel glänzenden Blätter werden nach der Blüte oft vernachlässigt, sind aber fast genauso schön und können in allen Jahreszeiten wertvolles Beiwerk in Blumensträußen und Gestecken sein.

BIEDERMEIERSTRÄUSSCHEN

Eine Mischung aus kräftigen dunklen Farbtönen – Weinrot, Violett und Mauve – wird durch Flecken von Gelb und Gold in diesem Sträußchen aufgehellt, das an einen Platz gestellt werden sollte, wo seine Farben voll zur Geltung kommen können. Um diesem Strauß aus Stiefmütterchen und verschiedenen Primeln – darunter die Sorte ›Barnhaven‹ –, Pfaffenhütchen Euonymus radicans *und* Clematis macropetala *Höhe zu geben, wurde eine schmale Vase in die purpurfarbene gläserne Fingerschale gestellt.*

Funkelnde kleine Kostbarkeiten

Zarte kleine Frühlingsblumen reichen allein für ein großes Blumenarrangement vielleicht nicht aus, können aber sehr eindrucksvoll sein, wenn sie in Gruppen zusammengestellt werden. Die wie Juwelen funkelnden Primeln bilden einen schönen Kontrast zu altem Glas in intensiven Farbtönen. Auch hier halten in den Gläsern versteckte Gefäße die Blumen zusammen, beeinträchtigen die Transparenz des Glases jedoch nicht. Das Vergnügen bei der Gestaltung eines solchen Bildes besteht in der Auswahl der Farben auf einem Rundgang durch den Garten.

Spitzendekoration

Stiefmütterchen mit ihren kurzen Stengeln müssen direkt nach dem Pflücken ins Wasser kommen, bevor ihre Blütenblätter Schaden nehmen. Sie werden niemals im Blumenladen verkauft und können bei einer überlegten Pflanzung das ganze Jahr über Blüten aus dem Garten liefern. In einer kleinen viktorianischen Glasvase mit Rüschenrand sind sie der passende Schmuck für einen Toilettentisch. Die individuelle Schönheit eines jeden Blüten-›Gesichts‹ wird Ihnen auffallen, wenn Sie sich mit Ihrem eigenen Gesicht beschäftigen.

Zarte Schatten

Dieser Strauß, in dem Blumen und Laub den gleichen Stellenwert haben und in dem Farbtöne absichtlich eng beieinanderliegen, fängt die letzten Sonnenstrahlen des Tages ein. Duftende weiße Zweige der Duftblüte Osmanthus burkwoodii *und Büschel von* Pachysandra *setzen weiße Lichter; lindgrüne Christrosen* Helleborus corsicus, *gelbes Beinwell* Symphytum grandiflorum, *frisches Laub des Schneeballs* Viburnum farreri *und die panaschierten Blätter der Stechpalme* Ilex lawsoniana *bilden einen Hintergrund aus unendlich vielen Grün- und Goldtönen. Die Vase aus schwerem Steingut mindert nicht, unterstützt vielmehr noch die Wirkung des Lichts auf dem Strauß.*

✦

Frühlingsglanz

Der Versuch, Narzissen zu ›arrangieren‹, ist oft ein Fehler. Sie sind am aufregendsten als großer goldener Sonnenfleck, ob man nun eine einzige Art zu einem großen Bund zusammenfaßt, oder, wie hier, eine Mischung aus verschiedenen Arten, goldene und orangefarbene, einfache und gefüllte, große und kleine Trompeten, in einem handbemalten Krug von ebenso prachtvollem Gelb präsentiert.

Blau in Blau

Traubenhyazinthen stehen hier neben Hyazinthen in einem ähnlichen, etwas rosa angehauchten Blauton. In einer Kugelvase können die Hyazinthen ihre natürlich gekrümmten Stengel über den Vasenrand hängen und müssen nicht in eine steife, ihnen unangemessene aufrechte Stellung gebracht werden. Auch die fleischigen Stengel kommen in einer Glasvase besonders hübsch zur Geltung, vorausgesetzt, das Wasser wird gewechselt, bevor es trübe wird. Einfache Sträuße sehen in Glasvasen hübscher aus als kompliziertere Gestecke – Draht und Steckmasse sind dann zu sehen, und auch eine Mischung aus verschiedenen Stengeln kann häßlich wirken. Beim Anfertigen einfacher Sträuße haben Sie Muße, die besonderen Eigenschaften jeder Frühlingsblume kennenzulernen und sich mit ihnen vertraut zu machen.

✦

Brautjungfernkorb

Am Rand dieses kleinen raffinierten Blumenkorbs wurden hübsche Frühlingsblumen – unter anderem dunkle Stiefmütterchen, Glockenblumen, Vergißmeinnicht, Clematis montana, *Schneeball und Rosmarin – mit Draht befestigt. In dem Korb selbst liegen Kirschblüten, die beim Verlassen der Kirche über die Braut und den Bräutigam geworfen werden.*

✦

Elegante Ranken

Die natürliche Eleganz der Ranken der Clematis macropetala *und* C. alpina *mit ihren zarten violettblauen Blüten mit seidiger Mitte wurde besonders zur Geltung gebracht, indem man sie von einer eleganten patinaüberzogenen Urne kunstvoll herabhängen und den nur 30 cm hohen Sockel umspielen ließ. Die Urne ist mit Steckmasse gefüllt, um die Clematisranken festzuhalten.*

Blassrosa und Pink

Tulpen der Sorte ›Angelique‹ mit päonienartigen Blüten – mehrfach gefüllt und rosa schattiert – werden oft für alte Rosen oder Pfingstrosen gehalten. In einem Zinnkrug arrangiert, sind sie in eine Wolke von weißen Mondviolen gehüllt. Tulpen altern anmutiger als beinahe jede andere Blume. Wenn sie ihre Blütenblätter langsam öffnen, lassen die verschiedenen Sorten allmählich die feinen Markierungen in ihrer Mitte sehen. Bis sie ihre Blätter fallen lassen, bieten sie in einer Vase dann einen ungemein reizvollen Anblick.

NATÜRLICHE ANMUT

Ein locker gebundener Blumenstrauß hat oft eine natürliche Grazie, die manchem üppigeren Strauß fehlt. Eine burgunderrote Tulpe und zwei kräftig rosafarbene zwischen fast geschlossenem dunkelpurpurnem Flieder und mauvefarbenen Nachtviolen stecken in einem blassen Gefäß mit breiter Öffnung, über dessen Rand sie sich in alle Richtungen ganz natürlich neigen dürfen. Dieser anmutige Strauß wäre niemals entstanden, wenn man ihn stundenlang ›arrangiert‹ hätte. Die gleichen Blumen und einige Blütenzweige warten in einem alten Spülstein, der hier auf einem Gutshof als Wassertrog verwendet wird, darauf, ebenfalls in einem schönen Topf Platz zu finden (unten rechts).

✦

EIN DUFT VON SALBEI

Lungenkraut bietet fast das ganze Jahr über weißgefllecktes Laub; aber im Frühjahr bringt es auch eine Menge rosafarbener, allmählich blau werdender Blüten hervor, die sich gut mit den Blättern von purpurnem Salbei kombinieren lassen. Die wunderbaren Farbtöne finden sich in der Textur des alten bemalten Tisches wieder.

✦

DURCH FARBEN VERBUNDEN

Ein einfaches Trio aus zwei Krügen und einer Vase in verschiedenen Grünschattierungen (folgende Doppelseite) ist mit Blüten und Blättern sehr unterschiedlicher Formen und Texturen gefüllt, bildet aber durch die Farben eine Einheit – Lindgrün und reines Rosa. Der niedrigste Krug birgt die goldgrünen Zweige der Blutjohannisbeere Ribes sanguineum *›Brocklebankii‹, die nur ein paar vereinzelte Blüten zeigen. In der Vase daneben sind rosa Pelargonien mit Nieswurz* Helleborus foetidus *gemischt. Im dritten Gefäß endlich, dem größeren grünen Krug, sind die leuchtenden Blütenähren der Wolfsmilch* Euphorbia robbiae *ein reizvoller Begleiter für die intensiv rosafarbenen lilienblütigen Tulpen der Sorte ›Mariette‹.*

Sommer

Wenn die weit geöffneten Türen und Fenster Haus und Garten zu einem machen, fließen die Vasen über vom unbeschreiblichen Farbenreichtum des Sommers. Jetzt ist der richtige Zeitpunkt, strengere und formale Arrangements anzufertigen. Vielleicht ist es sogar die einzige Zeit im Jahr, in der es Ihnen ohne Mühe gelingt, einen Brautstrauß völlig passend zum Brautkleid zu arrangieren oder ein Arrangement in vollendete Übereinstimmung zu Ihrer Lieblingstischdecke oder dem Fall Ihrer Vorhänge zu bringen. Doch der nie versiegende Reichtum der Sommerrabatten inspiriert großzügige Einfachheit ebenso wie strenge Anmut. Eine schlichte kleine Schale, auf der einzelne Blüten schwimmen, kann ebenso begeisternd sein wie das grandioseste Blumengebinde in der Mitte einer festlichen Tafel.

✦

Eine Studie in Blau

Blumen in vielfältigen Blauschattierungen – Rittersporn, Iris, Jungfer im Grünen und winterhartes Geranium *– füllen eine dickbauchige Vase mit breitem Rand. Die unterschiedlichen Texturen sind genauso wichtig wie die Farbe. Die hohen Blütenähren bilden einen Rahmen, den die Blumen mit den kleinen verzweigten Blütenständen ausfüllen und umschmeicheln. Die längsten Blütenstiele im Hintergrund sorgen für Höhe in diesem kugelförmig gebundenen Strauß. Die Blütenstiele sind auf unterschiedliche Längen geschnitten, um dadurch eine gewisse Tiefenwirkung zu erzielen. Ein Knäuel aus Maschendraht in der Vase gibt den Stengeln zusätzlichen Halt.*

Ein Brautstrauss

Ein prachtvolles Blütengebinde, hauptsächlich aus Rosa- und Weißtönen mit vereinzelten sanftblauen Tupfern, stammt aus dem Überfluß einer üppigen Blumenrabatte im Hochsommer: Sterndolden Astrantia major, *Seifenkraut* Saponaria, *Alstroemerien, Skabiosen, Glockenblumen* Campanula persicifolia, *einjähriger Rittersporn, Königskerze* Verbascum phoeniceum, *gestreifte und blaßrosa Rosen. Die von Natur aus unterschiedlichen Stiellängen wurden ausgenutzt, um eine Kaskadenwirkung zu erzielen.*

Sommerliche Blütenpracht

Eine gemusterte Vase kann Probleme schaffen, wenn sie zu den Blumen, die sie enthält, in Konkurrenz tritt; aber in diesem Fall besteht keine Gefahr, daß der fein gestreifte Krug den prächtigen, überquellenden Inhalt aussticht, der unter anderem aus Pfingstrosen und alten Rosen besteht, die dem Strauß das notwendige Gewicht verleihen, aus Wicken und Bartnelken, Fingerhut, Levkojen, Schneeball, Geißblatt, weißen Margeriten, Wolfsmilch und der ausgezeichneten rosa-karminrotgestreiften Clematis ›Nelly Moser‹.

Aus einem Kräutergarten

Die Küche ist nicht der einzige angemessene Platz für Kräuter. Allein oder zusammen mit sonst auf mehr konventionelle Art verwendeten Blumen und Blättern bilden sie einen ausgezeichneten Tischschmuck, wie hier aus Raute, purpurfarbenem Salbei, Artemisien, Pfaffenhütchen und panaschierten Erdbeerblättern (oben); oder aus Raute und purpurfarbenem Salbei mit Schnittlauch, Frauenmantel, bronzefarbenem Fenchel und Knöterich Polygonum bistorta *›Superbum‹ (rechts). Beide Gestecke enthalten auch Zierkohl mit schön gekräuselten oder gefalteten Blättern in Blaugrau-, Rosa- und Cremetönen.*

✦

Zauberhafte Rosen

Der Zauber alter Rosen mag nur von kurzer Dauer sein, hat man sie aber einmal gepflückt, gibt es – wenn auch nur für ein paar Stunden – nichts Betörenderes als eine gefüllte Schale mit Alba-, Bourbon-, Damaszener- und Gallicarosen (folgende Doppelseite), die ihren schweren Duft verströmen und Namen tragen, die die Phantasie anregen: ›Madame Caroline Testout‹, ›Königin von Dänemark‹ und ›Fantin Latour‹.

SCHALEN MIT PELARGONIEN

Zwei flache Schalen in leuchtenden Farben – eine runde in eine ovale gesetzt – sind mit Wasser gefüllt. Pelargonienblüten in Lachs-, Scharlach- und Rosatönen schwimmen auf dem Wasser und bilden einen lebhaften Tischschmuck für ein festliches Abendessen. Mit anderen Blüten – vielleicht Kamelien oder Clematis – lassen sich ähnliche, genauso faszinierende Effekte erzielen.

MOHN IN FÜLLE

Ein riesiger lachsrosafarbener Orientalischer Mohn bildet hier zusammen mit genauso üppigen dunkelkarminroten Pfingstrosen und rosa und hellvioletten Wicken (rechts) einen Strauß. Der einfache Steinguttopf, in dem der scharlachrote Mohn leuchtet (links), zwingt uns geradezu, die pechschwarzen daumengroßen Flecken auf den papierdünnen Blütenblättern und die zitternde Bewegung der unzähligen Staubfäden zu betrachten.

Kaffee auf der Veranda

Ein gedeckter Tisch für den Nachmittagskaffee quillt über von Rosa-, sanften Blau- und Gelbtönen. Tischtuch, Porzellan, Blumen und sogar das Gebäck verschmelzen mit ihren feinen Farbabstufungen zu einem einheitlichen Bild. Ein rosafarbener Krug ist mit blauen Skabiosen und Glockenblumen Campanula persicifolia, *rosa Seifenkraut, einjährigem Rittersporn, Sterndolden* Astrantia major, *kleinen Rosenbüscheln und Frauenmantel gefüllt, der duftige lindgrüne Akzente setzt. Das Gebäck auf der Kuchenetagere ist mit weiteren Rosen geschmückt. Eine solche ›Inszenierung‹ macht mir mehr Spaß als die Kaffeestunde hinterher.*

EINE HARMONISCHE KOMPOSITION IN CREME UND GRÜN

Eine große Messingschale verleiht einem Gesteck aus grünen Hortensien, Muschelblumen Molucella laevis, *cremefarbenen Dahlien und einjährigem Rittersporn ein beinahe orientalisches Aussehen.*

EIN STILLEBEN AUS DUFTSTRÄUSSCHEN

Kleine Biedermeiersträuße aus Blumen, Kräutern und Laub ergeben eine Menge verschiedenartiger Bilder. Pflücken Sie eine Blume, tragen Sie sie durch den Garten, und bestimmt entdecken Sie dazu die passenden Partner.

Eine Farbexplosion

Die Farben des Spätsommers sind oft von erregender Leuchtkraft, wie hier Dahlien, Ringelblumen, Sonnenblumen und Kapuzinerkresse beweisen. Da sie grell wirken könnten, müssen sie entsprechend arrangiert werden. Eine entschiedene Farbgebung ist dabei wichtig. Unprätentiöse glänzende emaillierte Gefäße wie hier Eimer und Krug sind sehr wirkungsvoll. Die Farben dieser Blumen sind so kräftig, daß sogar Kombinationen von Rosa und Orange, die sich vielleicht mit anderen Blumen beißen könnten, völlig problemlos sind.

Herbst

Wenn die länger werdenden Schatten anzeigen, daß der Sommer langsam in den Herbst übergeht, heißt das noch lange nicht, daß die Farbenpracht Ihres Gartens nachläßt. Die Blätter der Pflanzen werden golden, kupfern und bronzefarben, die Beeren reifen, und die Blumen in den Rabatten nehmen das Farbenspiel der Bäume und Sträucher, die sie begleiten, mit einem wahren Inferno von Karmesinrot, Ocker, Rostbraun und Tieforange wieder auf. Selbst das honigfarbene Sonnenlicht scheint mit dieser Farbenpracht im Bunde. Jetzt ist die Zeit, Ihren Blumenarrangements einen ganz persönlichen Stil zu verleihen. Das Material dazu ist verschiedenartiger als in jeder anderen Jahreszeit – mit großen und kleinen Blüten, Samenständen, Blattwerk, Beeren, Stengeln und Zweigen in allen Formen und Größen, die sich die Phantasie nur vorzustellen vermag.

✦

Erntedank

Ein zwangloses Arrangement aus Blumen, Beeren, Früchten, Samenständen und Gräsern ist Sinnbild für den Übergang vom Spätsommer in den Herbst. Die verschiedenen glänzend-türkisblauen Vasen und Schalen bilden eine schöne Ergänzung zu den lebhaften Sonnenfarben der Blumen. Samenstände von Fenchel, Gräser und Muschelblumen Molucella laevis *dämpfen die starken Farbtöne ab.*

BEEREN IN FÜLLE

Verschiedene Beeren vom Feuerdorn in Gelb, Orange und Rot, Holzäpfel, Hagebutten und Herbstlaub in einem reinweißen Krug bieten ein eindrucksvolles, farbenprächtiges Schauspiel.

HERBSTLICHE ASYMMETRIE

Breite fleischige Bergenienblätter in satten Herbsttönen geben einem asymmetrischen Gesteck aus Rosen und rosafarbenen Ebereschenbeeren in einem flachen Holzgefäß eine ungewöhnliche Note.

EIN KORB VOLLER HORTENSIEN

Die Struwwelköpfe der Hydrangea macrophylla *sind besonders schön, wenn sie voll erblüht sind. Die feinen Schattierungen der einzelnen kleinen Blüten treten dann erst deutlich hervor. Die Blütenköpfe lassen sich leicht trocknen, indem man sie in einen Krug mit ein paar Zentimetern Wasser stellt und so lange stehenläßt, bis das Wasser völlig verdunstet ist. Danach können sie Sträußen und Gestecken in den Wintermonaten einen eigenen farblichen Reiz und Schönheit verleihen.*

THURSDAY
FRIDAY
SATURDAY
CHOICEST BLEND

WINTER

Die kurzen Tage und langen Nächte des Winters bringen es mit sich, daß Ihre Vasen häufig von elektrischem Licht oder von Kerzenlicht beleuchtet sind, was die Farbwirkung Ihrer Sträuße deutlich verändert. Manchmal ist es fast sinnvoller, bis nach dem Dunkelwerden zu warten, um ein Winterarrangement zusammenzustellen. Beeren, Stengel und Blätter sind meist ihre Grundlage zusammen mit getrockneten Blüten, die an die Wärme des Sommers erinnern. Der Winter ist auch die Zeit, in der Ihnen die Formen und Muster des Gartens am deutlichsten vor Augen geführt werden, wenn Schnee und Frost den Boden mit einem weißen Teppich bedecken. Bringen Sie diese Eigenheit des Wintergartens in Form farbiger und gedrehter Stengel und Zweige in Ihr Haus. Solche durchscheinenden Arrangements können aufregende Muster auf einer Wand im Hintergrund erzeugen.

✦

DAUERNDE SCHÖNHEIT

Getrocknete Blüten in zarten Farben wie verblichene alte Seiden- und Brokatstoffe bilden eine flache Kuppel, die am Eßtisch von allen Seiten betrachtet werden kann. Alle Blumen – Rosen, Kamelien, Alliumsorten, Edeldisteln, Strohblumen und Silberpfennig – lassen sich leicht zu Hause trocknen.

WERTVOLLE BLÜTEN

Winterblüten sollten wie ein Schatz gehegt werden. Es gibt niemals genug für ein großes Gebinde, und ihre Seltenheit macht sie noch wertvoller. Arrangieren Sie sie in kleinen Vasen – einzeln oder nur ein paar Blüten in einem Gefäß. Hier hat man Christrosen, Schneeglöckchen, eine weiße Hyazinthe und Zweige mit silbernem und panaschiertem Laub in Gläsern eines Musterständers in ein Fenster gestellt, wo sie die winterlichen Sonnenstrahlen einfangen können. Die Blütengröße wird deutlich, vergleicht man sie mit der danebenstehenden Vase, die mit Treibhaushyazinthen und grün-weiß panaschierten Blättern geschmückt ist (unten, ganz links).

✦

ZART WIE SPINNWEBEN

Samenstände von Clematis, die so fein sind, daß sie der leichteste Windhauch wegblasen könnte, sehen auf einer Schale aus Eisglas entzückend aus (links unten). Sie halten länger, wenn man sie mit einem Hauch Haarspray überzieht.

✦

WINTERZAUBER

Eis und Schnee draußen vor dem Fenster reflektierend, schimmert ein Gesteck aus dekorativen herabhängenden Kätzchen der Garrya elliptica, *Silberpfennig, gedrehten Haselzweigen und Samenständen von Clematis im Winterlicht. Christrosen, in ihrem behaglichen Nest unter einer hauchdünnen Schneeschicht draußen entdeckt und ins Zimmer gebracht, bilden in ihrer Zartheit einen schönen Kontrast zu den drahtigen Zweigen der* Garrya *und der Hasel.*

EIN POTPOURRI-KORB

Die getrockneten Blüten dieses duftenden Potpourris in einem grob geflochtenen Korb – weinrote Pfingstrosen, Rosen, Samenstände der Jungfer im Grünen, Silberpfennig, Edeldistel und blauer einjähriger Rittersporn – sind mit Draht am Korbrand befestigt. Die Muscheln nehmen die kräftigen Farbtöne wieder auf, Silberpfennig, Edeldisteln und Samenköpfe vom Mohn liegen im Hintergrund.

LAVENDELBLAU

Mit Lavendel gefüllte Körbe stehen vor einem Kranz aus getrockneten Blüten und Samenköpfen in Grau-, Blau-, Lavendel-, Creme- und sanften Grüntönen. Obgleich man heute getrocknete Blumen immer leichter kaufen kann, lohnt es sich, die eigenen zu trocknen, damit man einen Vorrat aus dem eigenen Garten hat – wie die Skabiosen in diesem Kranz.

Ein dekorativer Kranz

Rote Äpfel, Walnüsse und die sternförmigen Blüten des Schneeballs Viburnum tinus, *in einen Kranz aus Tannengrün gebunden, hängen an der Eingangstür und begrüßen die Besucher, die dem kalten Wetter getrotzt haben (links und unten rechts). Verwenden Sie für den Kranz möglichst viel Tannengrün, damit er Volumen bekommt und großzügig wirkt.*

✦

Frische Girlanden

Efeugirlanden – einfarbig und panaschiert – bilden eine frische Alternative zu Papierdekorationen und Glitzerschmuck und erinnern an winterliche Festlichkeiten früherer Zeiten. Sie lassen sich leicht anfertigen: Die Efeuranken werden einfach um ein Seil geflochten. Anemonen und Farnwedel neben einer Schale mit Kumquats setzen einen zusätzlichen frischen Akzent.

✦

Sträusschen für die kalte Jahreszeit

Winterjasmin, Christrosen, Schneeglöckchen und Helleborus foetidus *mit gold-grün panaschiertem Pfaffenhütchen und Ilex bieten einen frischen, strahlenden Anblick in einer blauen, mit Moos gefüllten Schale (Mitte rechts) – ein Beweis dafür, daß der Winter nicht nur die Jahreszeit der neutralen Farbtöne ist. Eine andere Schale, von oben betrachtet (ganz rechts unten), enthält einen Kranz aus silbrig gefleckten Blättern des Alpenveilchens* Cyclamen hederifolium *mit einem kleinen Bund purpurfarbener* Christrosen Helleborus orientalis, *die aus der Mitte herausschauen.*

PFLANZEN
FÜR DEN GARTEN DES BLUMENARRANGEURS

Es fällt schwer, sich bei der Zusammenstellung der Grundausstattung eines Gartens, der auf einen Blumenarrangeur zugeschnitten ist, auf nur vierundsechzig Pflanzen zu beschränken. Meine ursprüngliche Liste, die ich nach Gutdünken zusammengestellt hatte, war viel zu lang geworden. Ich war also gezwungen, mich zu entscheiden und Prioritäten zu setzen.

Der Winter ist die kärgste Jahreszeit; deshalb habe ich mindestens fünfundzwanzig Pflanzen dazugenommen, deren Blätter, Blüten, farbige Zweige, Samenköpfe oder getrocknete Blüten diese Monate etwas aufheitern können. Dazu gehören z. B. immergrüne Gehölze mit großen Blättern, Blumenhartriegel, Weiden und Hasel wegen ihrer dekorativen Zweige. Keinen Augenblick im Jahr sollten Sie ohne Blumen aus Ihrem Garten sein. Die letzten vereinzelten Herbstblüher wie Veilchen und Rosen halten gewöhnlich noch so lange durch, bis die echten Winterblüher ihre ersten Blüten öffnen – Schneeglöckchen, Christrosen, Winterlinge, Winterjasmin und die ersten Weidenkätzchen. Blätter von Stechpalmen, Eukalyptus, Bergenien, Pfaffenhütchen, Farnen und vielen Efeuarten können Sie als Beiwerk und mitunter auch als Hauptelement in Ihren Blumenarrangements verwenden. Hin und wieder stecken Sie vielleicht noch getrocknete Blüten und Früchte, Lampionblumen Physalis *und Silberpfennig dazu.*

✦

VOLUMEN UND FÜLLE

Die stattlichen, ausladenden Funkien, die man nur selten beim Blumenhändler finden kann, sind eine wertvolle Quelle eindrucksvoller Blätter und Blüten, die unseren Gestecken und Sträußen Volumen verleihen.

Als nächstes galt mein Interesse den krautartigen Pflanzen und niedrigen Sträuchern mit schönen Blättern, die vom Frühjahr bis zum Herbst wertvoll sind, wie Funkien, weitere Farne, Santolinen, Rosmarin und Frauenmantel. Die Blumen in diesen Jahreszeiten müssen langlebig sein, köstlich duften oder mehrmals blühen wie zum Beispiel Dahlien oder Clematis – Blumen also, die man nur selten oder niemals beim Blumenhändler findet. Rosen sind ganz wesentlich; jeder Gartenfreund sollte sich seine Lieblingssorten auswählen. Frühlingsanemonen, Gladiolen und Margeriten habe ich von meiner Liste gestrichen, mußte aber gezwungenermaßen auch die vielen Mohnarten auslassen, die ich wegen ihrer außergewöhnlichen, doch sehr vergänglichen Schönheit besonders liebe. Meine Auswahl mag vielleicht ganz anders ausgefallen sein als Ihre, aber vielleicht kann sie Ihnen als Grundlage für Ihre eigenen Ideen dienen.

Schlüssel zur Bestimmung der Winterhärte

Für jede der im folgenden aufgeführten Pflanzen sind Härtegrade angegeben. Ich muß aber darauf hinweisen, daß diese Einteilungen nur Annäherungswerte darstellen, da zum Beispiel ein guter Windschutz oder ein gut durchlässiger Boden dazu führen können, daß die Pflanzen wesentlich niedrigere Temperaturen vertragen.

Extrem winterhart Winterhart bis zu Temperaturen unter – 29 °C, überstehen in manchen Fällen Temperaturen bis zu – 40 °C.

Sehr winterhart Winterhart bis – 18 °C, vertragen in manchen Fällen Temperaturen bis – 29 °C.

Bedingt bis sehr winterhart Winterhart bis ungefähr zu Temperaturen von – 15 °C bis – 18 °C.

Bedingt winterhart Winterhart bis unter – 6 °C, in vielen Fällen bis zu – 12 °C bis – 15 °C.

Halb winterhart Können Fröste höchstens bis – 6 °C vertragen, in vielen Fällen aber eher weniger.

Nicht winterhart Nicht winterhart unter – 1 °C, müssen gegen Frost geschützt werden.

PHILADELPHUS

Sommerjasmin, Pfeifenstrauch

Laubabwerfende Sträucher
Weiße Blüten

Bedingt bis sehr winterhart
Höhe 90 cm–3 m
Standort Bevorzugt Sonne, verträgt leichten Schatten
Boden Gut durchlässig
Geeignete Pflanzennachbarn Frühlingsblühende Zwiebelpflanzen, insbesondere Schneeglöckchen, weißblühende Sträucher wie Spierstrauch *(Spiraea × arguta)*
Nutzung Blüten im Sommer. Am besten sollten die Blätter von den Zweigen entfernt werden

Die verschiedenen Arten des Sommerjasmins mit ihren hübschen, stark duftenden weißen Blüten gehören zu den entzückendsten Sträuchern im Garten. Die Blütenzweige sehen reizend in Sommersträußen aus. Mein Lieblingsstrauch ist der niedrigwachsende *Philadelphus microphyllus*, der klein genug ist, um im Vordergrund einer Strauch- oder gemischten Rabatte verwendet zu werden. Der köstlich duftende *P.* ›Belle Etoile‹ (oben) wird etwas höher: Seine Blüten haben in der Mitte einen kastanienbraunen Fleck. *P.* ›Sybille‹ hat stärker gebogene Zweige und duftet lieblich nach Orangen. Für den Hintergrund in einer Rabatte würde ich höherwachsende Arten wie *P. coronarius*, *P.* ›Beauclerk‹ oder *P.* ›Burfordensis‹ empfehlen. Um das Wachstum zu fördern, sollten jährlich nach der Blüte die ältesten Blütenzweige entfernt werden. Der Sommerjasmin profitiert von starkem Zurückschneiden. Ich habe einen *P. coronarius*, der deshalb nach fünfzig Jahren immer noch gesund ist.

CHRYSANTHEMUM MAXIMUM

Sommermargerite

Mehrjährige Stauden
Weiße Blüten

Bedingt bis sehr winterhart
Höhe 60–120 cm
Standort Volle Sonne in gemäßigten Klimazonen, leichter Schatten in heißen Klimazonen
Boden Nährstoffreich, feucht, gut durchlässig
Geeignete Pflanzennachbarn Frühlingsblühende Zwiebelpflanzen, Tränendes Herz, Flockenblume, Moschusmalve, Bartfaden, Salbei, Fetthenne *(Sedum* ›Autumn Joy‹ und *Sedum spectabile)*
Nutzung Blüten vom Hochsommer bis zum Herbst. Die Blüten bleiben schön, wenn die Wurzelballen häufig geteilt werden

Winterharte Margeriten lassen sich leicht ziehen und blühen unermüdlich über einen langen Zeitraum. Pflanzen Sie sie in die Mitte einer Rabatte, zusammen mit früher blühenden krautartigen Pflanzen wie Flockenblume *(Centaurea montana)*. Ich empfehle ›Snowcap‹ (unten), eine ungefüllte Sorte mit einem leuchtendgelben Auge; ›Alaska‹, eine alte ungefüllte Sorte mit gelbem Auge; ›Wirral Pride‹ und ›Esther Read‹, beide gefüllt; ›Aglaia‹, eine gefüllte Sorte mit stark gezogenen Blütenblättern und einem Hauch von Gelb in der Mitte. Sie alle sind weiß. Ich empfehle auch die rosafarbene Sorte *Chrysanthemum rubekum* ›Clara Curtis‹, die vom Spätsommer bis in den Frost blüht und sich bis zu vier Wochen in der Vase hält. Alle Margeriten sind ausgesprochen dankbare Pflanzen. Belohnen Sie sie, indem Sie sie kräftig düngen, im Herbst mulchen und im Frühjahr mit Knochenmehl versorgen. Sie müssen alle zwei Jahre, am besten im Frühling, geteilt werden.

SALIX

Weide

Laubabwerfende Bäume und Sträucher
Rote und gelbe Äste; gelbe bis graue und rosafarbene Kätzchen

Extrem winterhart
HÖHE Vom Bodendecker bis zu großen Bäumen
STANDORT Die meisten gedeihen am besten in voller Sonne
BODEN Feucht
GEEIGNETE PFLANZENNACHBARN Frühlingsblühende Sträucher wie Zaubernuß, Winterblüte; Schneeglöckchen oder Krokusse
NUTZUNG Zweige im Winter, Kätzchen im Frühjahr

Salix alba ›Chermesina‹ mit scharlachroten Zweigen und *S. alba* ›Vitellina‹ mit goldfarbenen Zweigen sind im Winter besonders reizvoll. Einige Zweige, in einer flachen Schale in Moos gesteckt, sind ein einfacher, aber hübscher Zimmerschmuck. Diese beiden Weiden sollten im frühen Frühjahr beschnitten werden, damit sie genügend Zeit haben, um ihre farbigen Ruten für den Winter zu entwickeln. *S. sachalinensis* ›Sekka‹ ist wegen ihrer silbernen Kätzchen an breiten flachen Ästen besonders beliebt. Die schwarzen Kätzchen der *S.* ›Melanostachys‹ lassen sich gut in Sträußen und Gestecken verwenden. Ich mag besonders gerne *S.* ›Eugenei‹ mit ihren kleinen rosafarbenen Kätzchen oder auch *S. daphnoides* ›Aglaia‹, die Kätzchen mitten im Winter trägt. Die purpurfarbenen Triebe dieser Weide haben eine weiße Blüte; die Kätzchen sind silbern und zeigen einen purpurfarbenen Glanz, bis die gelben Pollen reif werden. *S.* ›Wehrhahnii‹ (oben) hat schneeweiße männliche Kätzchen.

GALANTHUS

Schneeglöckchen

Zwiebelpflanze
Weiße Blüten

Sehr winterhart
HÖHE 7,5–20 cm
STANDORT Sonne im Winter und Schatten von Bäumen und Sträuchern im Sommer
BODEN Nahrhaft, gut durchlässig, gedeiht am besten in kalkhaltigem Boden
GEEIGNETE PFLANZENNACHBARN Winterlinge, immergrüne Bodendecker wie Efeu und Waldsteinia
NUTZUNG Blüten im Winter. Sie halten sich gut in der Vase

Es gibt nichts Hinreißenderes im winterlichen Garten als einen ausgebreiteten Schneeglöckchenteppich, der von Jahr zu Jahr größer wird. Wenn man verschiedene Arten zieht, ist es möglich, blühende Schneeglöckchen vom Herbst bis zum Frühjahr zu haben. *Galanthus nivalis* subsp. *reginae-olgae* zum Beispiel blüht schon im Herbst, bevor die Blätter erscheinen. Beginnen Sie zunächst mit dem gewöhnlichen Schneeglöckchen *G. nivalis*. Aber auch alle anderen Arten lassen sich leicht kultivieren, sind besonders winterhart und gedeihen gut im Gras. Schneeglöckchen brauchen eine Kälteperiode und mögen es nicht, im Sommer von der Sonne gebraten zu werden. Pflanzen Sie sie 5 cm tief ins Gras, in eine Rabatte, unter laubabwerfende Sträucher oder zwischen immergrüne Bodendecker. Zur Vermehrung teilen Sie sie und pflanzen sie sofort nach der Blüte neu ein. Als winterlicher Schmuck Ihres Hauses werden die zarten, zerbrechlich wirkenden Blütenstiele jeden Gast in Entzücken versetzen.

ZANTEDESCHIA AETHIOPICA

Arumlilie, Calla, Trompetenlilie

Rhizomstauden
Weiße oder grüne Blüten

Bedingt winterhart
HÖHE 90–130 cm
STANDORT Volle Sonne
BODEN Nahrhaft, sehr feucht
GEEIGNETE PFLANZENNACHBARN Dunkle Kletterpflanzen wie *Vitis vinifera* ›Purpurea‹
NUTZUNG Blüten von Hoch- bis zum Spätsommer

Die bekannteste Sorte der Arumlilie ist *Zantedeschia aethiopica* ›Crowborough‹ (oben) mit ihren riesigen reinweißen Blüten und glänzendgrünen speerförmigen Blättern. Noch exotischer wirkt *Z. aethiopica* ›Green Goddess‹, die große grüne Blüten mit einem weißen Schlund hat. Im Garten stehen sie am liebsten im Wasser oder in der Nähe von Wasser. Sie gedeihen im Schlamm unterhalb der Grenze, bis zu der das Wasser gefriert. Falls Sie keinen Teich besitzen, bereiten Sie einen nährstoffreichen Boden zu und setzen die jungen Wurzeln 10 cm tief hinein. Um die Stielansätze vor Frost zu schützen, bedecken Sie sie im Winter mit einer dicken Mulchschicht. In gemäßigten Klimazonen brauchen die Arumlilien zwei bis drei Jahre, um sich einzugewöhnen; danach beginnen sie allmählich, sich zu entwickeln und auszubreiten. In heißen, feuchten Klimazonen breiten sie sich hingegen in Windeseile über große Flächen aus.

GYPSOPHILA PANICULATA

Schleierkraut

Krautartige Stauden
Weiße oder rosafarbene Blüten

Bedingt winterhart
HÖHE 90–120 cm
STANDORT Volle Sonne, alkalischer Boden, gut durchgearbeitet, gut durchlässig
GEEIGNETE PFLANZENNACHBARN Bärenklau, im Spätfrühjahr blühende Zwiebelgewächse
NUTZUNG Blüten vom Hochsommer bis zum Herbst

Schleierkraut kann man öfter im Blumenladen als im Garten bewundern. Vielleicht liegt das daran, daß sich die Pflanzen am Anfang nur zögernd entwickeln und auch nicht gerne versetzt werden wollen. Lassen Sie sich dadurch nicht abschrecken – im Strauß und im Beet legen sich die federartigen Rispen voller sternförmiger Blüten wie ein zarter Schleier über die graugrünen Blätter. Die am besten erhältlichen Arten sind *Gypsophila paniculata* ›Rosy Veil‹ mit halb gefüllten rosa Blüten und *G. paniculata* ›Bristol Fairy‹ (oben) mit gefüllten weißen Blüten an 90 cm langen Stielen. Schleierkraut sollte im Frühjahr gepflanzt werden. Die langen Pfahlwurzeln wollen auf keinen Fall gestört werden. Kaufen Sie deshalb in Töpfen vorgezogene Pflanzen, oder säen Sie Samen an dem endgültigen Standort ein, und warten Sie geduldig. Die Schönheit einer ausgewachsenen Pflanze in voller Blüte lohnt das lange Warten.

STACHYS LANATA

Wollziest, Lammohren

Immergrüne Stauden
Unauffällige rosa Blüten; weißgraue Blätter

Extrem winterhart
HÖHE 50 cm
STANDORT Volle Sonne
BODEN Jeder Bodentyp; kann sogar nährstoffarm und trocken sein
GEEIGNETE PFLANZENNACHBARN Frühlingsblühende Zwiebeln, andere graulaubige Pflanzen, immergrüne Pflanzen, rosa, blaue und mauvefarbene Blüten
NUTZUNG Junge Blätter im Sommer; später im Jahr getrocknete Blütenstiele

Wollziest ist eine wunderbare bodendeckende Pflanze im Garten und ein vorzügliches Füllmaterial für Sträuße und Gestecke. Ich schätze ihn besonders an den Ecken meiner Rabatten und in Gruppen zwischen den Stauden, selbstverständlich in angemessenem Verhältnis zur Rabattengröße. Im frühen Frühjahr paßt er gut zu blühenden Zwiebelpflanzen wie Schneestolz. Krokus und *Iris reticulata* können dazwischengepflanzt werden – ebenso die etwas später blühende Gladiole. Als Pflanzennachbarn eignen sich auch andere graulaubige Pflanzen wie Santolinen oder dunkle, immergrüne Pflanzen, rosa Diascien, blaue Ehrenpreisarten, Porzellanglöckchen *Heuchera* ›Palace Purple‹ oder Fetthenne *Sedum* ›Autumn Joy‹. Wenn die Blüten im Sommer zu welken beginnen, schneiden Sie die Blütenstiele ab, bündeln sie und hängen sie umgekehrt zum Trocknen für Ihre Wintergestecke an einem kühlen Ort auf. Alle abgestorbenen Blätter gleichzeitig mit den Blüten entfernen. Durch Teilung sind die Pflanzen völlig problemlos zu vermehren.

LUNARIA

Silberpfennig, Silberling, Silberblatt

Einjährige, zweijährige oder krautartige mehrjährige Pflanzen
Weiß oder blaß mauvefarbene bis hin zu weinroten und dunkel purpurfarbenen Blüten

Extrem winterhart
HÖHE 70 cm
STANDORT Überall
BODEN Nahrhaft, mit Laub gemulcht
GEEIGNETE PFLANZENNACHBARN *Kerria japonica*, Forsythie, weiße oder leuchtendrote Tulpen, *Galtonia candicans*
NUTZUNG Blüten im Frühjahr, Samenstände in Form silberner Taler das ganze Jahr über

Um das Beste aus den silbernen ›Pfennigen‹ im Innern der Samenköpfe (oben) zu machen, entfernen Sie ihre äußeren Gehäuse, damit die schimmernden Oberflächen sichtbar werden, geben ihnen einen dunkelgrünen Hintergrund in der Vase und stellen sie dorthin, wo die Wintersonne durch die Silbertaler scheinen kann. Die bekannteste Form des Silberpfennigs *Lunaria annua* hat violette Blüten. Sie können aber auch Züchtungen mit weißen, tiefroten bis hin zu satt purpurfarbenen Blüten bekommen. Die Sorte *L. annua* ›Alba‹ hat weiße Blüten und weiß gezeichnete Blätter. Pflanzen Sie sie zusammen mit leuchtendroten Tulpen. *L. annua* wird am besten wie eine zweijährige Pflanze behandelt. *L. rediviva* mit ihren duftenden purpurfarbenen Blüten und ovalen Samenköpfen ist eine Staude. Nur junge Pflanzen lassen sich gut versetzen. Sammeln Sie die Samen und säen Sie sie im Frühjahr aus. Am hübschesten wirkt der Silberpfennig in großen Gruppen.

SANTOLINA

Santoline, Heiligenkraut

Immergrüne Sträucher
Graue Blätter

Halb winterhart
Höhe 50 cm
Standort Volle Sonne
Boden Gut durchlässig
Geeignete Pflanzennachbarn Rosa, mauvefarbene und blaue Blumen
Nutzung Blattzweige das ganze Jahr über, insbesondere im Winter, halten sich gut in der Vase

Die Santoline ist mit ihren aromatischen grauen Blättern eine unerläßliche Pflanze in der Rabatte. Außerdem eignet sie sich ausgezeichnet als Beiwerk in der Vase. Die beiden besten Arten sind *Santolina incana* mit ihren fadenartigen silbernen Blättern und *S. neapolitana* (oben), deren Blätter aber stärker gefiedert sind und deren Wuchs lockerer ist. Verwenden Sie die Santolinen wie kleine graue Hügel in einer Rabatte, oder setzen Sie sie als Akzente an die Ecken des Beetes. *S. incana* kann auch als niedrige Hecke gezogen werden oder zur Einfassung eines Weges dienen. Wenn Sie Ihre Santolinen jedes Frühjahr kräftig bis aufs alte Holz zurückschneiden, behalten die Pflanzen über Jahre ihre buschige Form. Santolinen lassen sich leicht durch Stecklinge vermehren. Warten Sie mit dem Rückschnitt bis zum Frühjahr, da das alte Grün während des Winters als Frostschutz dient.

NARCISSUS

Narzisse

Zwiebelpflanzen
Blüten in Weiß, Creme und jeder Gelbschattierung, oft mit rosa bis hin zu orangefarbenen Trompeten

Bedingt bis sehr winterhart
Höhe 8–50 cm
Standort Sonne oder lichter Schatten
Boden Jeder Bodentyp
Geeignete Pflanzennachbarn Frühjahrsblühende Sträucher, frühe Tulpen, Mauerpflanzen, Vergißmeinnicht
Nutzung Blüten im Frühjahr

Narzissen in großen Gruppen im Gras oder in der Rabatte gehören zu den Freuden des Frühlingsgartens. Die Zahl der Varietäten ist enorm. Studieren Sie also die Herbstkataloge für Zwiebelpflanzen sorgfältig. Bei geschickter Sortenauswahl können Sie den ganzen Frühling hindurch blühende Narzissen in Ihrem Garten haben, und Sie werden mit Sicherheit Sorten im passenden Farbton und passender Höhe für jede Ihrer Rabatten finden. Die kleineren Blüten duften mehr als die großen; ich bin besonders stolz auf die kleinen duftenden Jonquillen, insbesondere *Narcissus* ›Trevithian‹ und *N.* ›Baby Moon‹. Unter den Sorten mit großen Trompeten gehört *N.* ›Ice Follies‹ (unten) zu meinen liebsten. Die meisten Sorten müssen ziemlich tief gepflanzt werden. Sie sollten einen Abstand von 30 cm haben, dann können sie sich gut ausbreiten. Für kleinwüchsige Sorten reicht ein Abstand von 10–15 cm. Aus Ihrer Rabatte sollten Sie sie herausnehmen, sobald sie verwelkt sind, um Platz für Sommerblumen zu schaffen.

OSMANTHUS DELAVAYI

Duftblüte

Immergrüne Sträucher
Weiße Blüten; grüne Bätter

Winterhart
Höhe Nach 5 Jahren 1,50 m; maximale Höhe 2 m
Standort Volle Sonne bis Halbschatten
Boden Gut durchlässig
Geeignete Pflanzennachbarn Narzissen, Tulpen, sommerblühende krautartige Pflanzen
Nutzung Blüten im Frühjahr, Blätter das ganze Jahr über

Die Duftblüte hat kleine zierliche Blätter und jasminartige weiße Blüten. Sowohl Blätter als auch Blüten erfüllen den Garten mit einem köstlichen Duft. *Osmanthus delavayi* ist eine ausgezeichnete Sorte, die sich gut als Hintergrundstrauch eignet. In meinem Garten steht er in einer windigen Ecke und hat dort im Winter niemals ernsthaften Schaden genommen. Er wächst sehr schnell, d. h., er legt jedes Jahr mindestens 30 cm zu, kann aber durch Beschneiden unter Kontrolle gehalten werden. Sein großer Vorteil besteht darin, daß die auffälligen Lücken, die beim Herausschneiden von Zweigen für die Frühlingssträuße entstehen, schnell wieder zuwachsen. *Osmanthus heterophyllus* ist ein guter immergrüner Strauch mit duftenden Blüten, die im Herbst erscheinen. Falls Sie panaschierte Blätter besonders mögen, versuchen Sie es mit *O. heterophyllus* ›Variegatus‹.

VIBURNUM

Schneeball

Laubabwerfende Sträucher
Weiße oder rosa Blüten; rote Beeren

Sehr winterhart
HÖHE 1–2 m
STANDORT Die meisten bevorzugen lichten Schatten
BODEN Jeder Bodentyp
GEEIGNETE PFLANZENNACHBARN Frühlingsblühende Zwiebeln; herbstblühende Clematis zum Hindurchwachsen
NUTZUNG Blüten im Winter oder Frühling; Beeren im Herbst

Die laubabwerfenden Schneebälle werden mittelgroße bis große Sträucher. Ihre Winter- oder Frühjahrsblüten, die häufig duften, sehen hübsch in Gestecken und Sträußen aus; ebenfalls ihre roten oder mitunter auch gelben Beeren im Herbst. Als Winterblüher würde ich *V. × bodnantense* auswählen, der sich durch große, stark duftende Blüten auszeichnet, die in der Knospe rosa sind und sich weiß färben, wenn sie sich voll entfalten. Dieser Busch hat einen aufrechten Wuchs; er kann sich also nicht über seine Nachbarpflanzen neigen und läßt sich deshalb gut in einer gemischten Rabatte verwenden. Unter den frühlingsblühenden duftenden Schneeballarten sind *V. × carlcephalum* und *V. × burkwoodii* führend. Ich liebe meinen *V. opulus* ›Sterile‹, dessen weiße Blüten im späten Frühjahr erscheinen. Damit er nicht zu breit wird, muß er kräftig beschnitten werden. Ich empfehle auch *V. plicatum* ›Mariesii‹ (oben) und *V. plicatum* ›Lanarth‹. Im allgemeinen müssen die laubabwerfenden Arten nur in Form geschnitten und vom toten Holz befreit werden.

CORYLUS AVELLANA CONTORTA

Korkenzieherhasel

Laubabwerfende Sträucher
Gelbgrüne Kätzchen

Bedingt bis sehr winterhart; verträgt Wind und Fröste bis zu – 6 °C
HÖHE 3 m nach 25 Jahren
STANDORT Volle Sonne bis tiefer Schatten
BODEN Jeder Bodentyp
GEEIGNETE PFLANZENNACHBARN Frühlingsblühende Zwiebeln, Hundszahn, Christrosen, *Primula veris*
NUTZUNG Kätzchen und gedrehte Zweige im Winter und frühen Frühjahr

Die gedrehten Zweige der Korkenzieherhasel sind ein dekoratives Beiwerk in winterlichen und frühen Frühjahrsgestecken. Die Zweige können allein oder zusammen mit frühjahrsblühenden Zwiebeln verwendet werden. Pflanzen Sie den Haselstrauch an einem möglichst freien Standort, wo seine ungewöhnliche Form am vorteilhaftesten zur Geltung kommt. Wenn er nämlich zwischen großen Sträuchern steht, wird sein individuelles gedrehtes Astwerk verdeckt, und auch seine gelblichgrünen Kätzchen, die sich im Spätwinter entwickeln, bleiben unseren Blicken verborgen. Der Hasel muß nicht beschnitten werden. Falls Sie aber Zweige für Ihre Dekorationen benötigen, schneiden Sie sie möglichst weit unten ab, um den Strauch zu neuem Wachstum von der Basis aus zu veranlassen. Als Alternative können Sie auch eine Weide, *Salix matsudana* ›Tortuosa‹, gleichfalls mit gedrehten Zweigen, setzen. Sowohl im Garten als auch im Haus werden Ihnen die ungewöhnlich dekorativen Zweige dieser Sträucher viel Freude bereiten.

ANTHEMIS TINCTORIA

Färberkamille

Sommergrüne Stauden
Gelbe Blüten

Extrem winterhart
HÖHE 75–100 cm
STANDORT Volle Sonne
BODEN Gut durchlässig, nicht zu fruchtbar (in nährstoffreichem Boden wird sie zu hoch und treibt weniger Blüten)
GEEIGNETE PFLANZENNACHBARN Frauenmantel, goldblättrige oder goldgezeichnete Funkien, *Iris pallida* ›Aureo-variegata‹, blaue Blumen wie *Campanula persicifolia* , weiße Blumen wie Ziertabak
NUTZUNG Blüten vom Frühsommer bis zum Spätherbst; halten sich gut in der Vase

Die Färberkamille öffnet ihre Blüten zum Sommeranfang und blüht durchgehend bis zu den ersten Frösten. *A. tinctoria* ›E. C. Buxton‹ (oben) ist eine gute Varietät. Sie bildet einen hübschen Hügel aus farnartigen Blättern und trägt ihre blaßgelben asternähnlichen Blüten auf kräftigen Stielen. Sie ist eine wunderschöne Schnittblume und schätzt es sehr, wenn ihre Blüten häufig abgeschnitten werden. *A. tinctoria* sollte möglichst in die vorderste Reihe der Rabatte gepflanzt werden. Sie ist besonders nützlich vor Phlox oder anderen Pflanzen, die im Laufe des Sommers an ihren Stielansätzen unansehnlich werden. Schneiden Sie die Blütenstiele nach dem Verwelken ab, damit die Pflanzen neue Blüten treiben. Wenn im Frühjahr die Wurzelballen nicht austreiben, teilen Sie die Pflanzen und setzen die gesunden Außenteile in die Erde, damit sie neue kompakte Wurzelballen bilden können.

LIGUSTRUM OVALIFOLIUM ›ARGENTEUM‹ UND ›AUREUM‹

Liguster

Immergrüne oder laubabwerfende Sträucher
Grüne Blätter, goldfarben oder silbern gezeichnet

Sehr winterhart
HÖHE 3 m nach 5 Jahren, maximale Höhe 6 m
STANDORT Benötigt Sonne, um die Färbung zu behalten
BODEN Nährstoffreich; kann aber auch unter schlechteren Bedingungen gedeihen, wenn er gedüngt wird
GEEIGNETE PFLANZENNACHBARN Im Frühjahr oder Herbst blühende Clematis
NUTZUNG Blätter das ganze Jahr über; die Zweige bleiben wochenlang im Wasser frisch

Alle panaschierten Liguster können als strenges Element in einer gemischten Rabatte verwendet werden oder in einer gewissen Entfernung vom Haus als Blickpunkt dienen. Die kleinen Blätter lassen sich leicht im Haus verwenden, und ihre Farben leuchten im künstlichen Licht. Die Blätter des *Ligustrum ovalifolium* ›Argenteum‹ sind graugrün und haben weiche cremeweiße Ränder, während die Blätter des *L. ovalifolium* ›Aureum‹ (oben) gelb leuchten und in der Mitte grün sind. Ligusterblüten duften sehr stark; verwenden Sie sie also nur vorsichtig im Haus. Liguster ist ein gieriger Strauch: Füttern Sie ihn deshalb gut mit einem beliebigen Dünger. Ein jährlicher Rückschnitt trägt dazu bei, daß er einen niedrigen Wuchs behält. Falls Ihr Strauch über den ihm zugewiesenen Platz hinauszuwachsen beginnt, können Sie ihn kräftig bis zum Boden zurückschneiden.

LONICERA NITIDA ›BAGGESEN'S GOLD‹

Immergrüne Sträucher
Goldene Blätter

Sehr winterhart
HÖHE 90 cm nach 5 Jahren, maximale Höhe 1,50 m
STANDORT Braucht volle Sonne, damit sie ihre goldenen Blätter behält
BODEN Jeder Bodentyp, solange er nicht zu trocken oder zu feucht ist
GEEIGNETE PFLANZENNACHBARN Bergenien, andere goldfarbene Pflanzen wie *Lonicera japonica* ›Aureo-reticulata‹ oder als Kontrast Pflanzen mit blauen Blüten
NUTZUNG Blätter das ganze Jahr über

Die goldblättrige Zuchtform der gewöhnlichen *Lonicera nitida* ist ein äußerst nützlicher Strauch zum Pflücken. Die Zweige werden mit dem Alter steifer, aber die jungen Zweige neigen sich elegant zu Boden. Die Blätter sind klein – nur 5–10 mm lang –, so daß sie sich als passendes Beiwerk für kleine Frühlingszwiebelpflanzen eignen. Im Winter passen sie gut zu Christrosen und Zweigen der *L. fragrantissima*. *L. nitida* wächst sehr schnell, und je mehr Sie den Strauch schneiden, um so dichter wird er. Ich ziehe mehrere Pflanzen in Töpfen als kleine Hochstämme mit Struwwelköpfen. Die Pflanzen werden auch als niedrige Hecken gezogen, die man zweimal im Jahr beschneiden muß, um sie in Form zu halten. Wie alle Geißblattarten läßt sich dieser Strauch leicht durch holzige Stecklinge vermehren. Er ist sehr widerstandsfähig, und man kann ihn sogar noch in einer Größe von 90 cm ohne Schwierigkeiten verpflanzen.

JASMINUM NUDIFLORUM

Winterjasmin

Laubabwerfende Kletttersträucher
Gelbe Blüten

Bedingt bis sehr winterhart
HÖHE 2 m
STANDORT Sonne oder Schatten
BODEN Jeder Bodentyp; kann sogar nährstoffarm sein
GEEIGNETE PFLANZENNACHBARN *Clematis viticella* zum Hindurchwachsen
NUTZUNG Blüten den ganzen Winter über

Der winterblühende Jasmin ist eines der wertvollsten Gehölze für den Blumenarrangeur in der kalten Jahreszeit. Er ist absolut verläßlich, läßt sich leicht schneiden und gedeiht in jedem verlassenen Winkel, wo die meisten anderen Sträucher verkümmern. Man kann ihn auch über einen pyramidenförmigen Rahmen wachsen lassen; dann zeigt er stolz seine Winterblüten und sein glänzendes Sommerlaub als zentrales Element inmitten einer gemischten Rabatte. Der größte Reiz des Winterjasmins liegt aber in der Art und Weise, wie sich die gelben Blütenknospen mit ihrem rötlichen Hauch auf der Rückseite eines jeden Blütenblatts eine nach der anderen an den grünen Zweigen öffnen, sobald sie ins Haus gebracht werden. In Sträußen und Gestekken gesellt er sich gern zu dunklen immergrünen Blättern, zusammen mit den ersten Schneeglöckchen, mit Christrosen und mit roten Beeren. Schneiden Sie den Winterjasmin direkt nach der Blüte zurück; das ist wichtig, da er am neuen Holz blüht.

ERANTHIS HYEMALIS

Winterling

Sommergrüne Staude; Knollengewächs
Gelbe Blüten

Bedingt bis sehr winterhart
HÖHE 5–10 cm
STANDORT Sonne im Winter und Schatten von Bäumen und Sträuchern im Sommer
BODEN Alkalisch, verträgt auch kalkhaltigen Boden
GEEIGNETE PFLANZENNACHBARN Unter laubabwerfenden Bäumen und Sträuchern wie Hasel oder Schneeball *Viburnum farreri* zusammen mit Krokus, Scilla und anderen frühlingsblühenden Zwiebelgewächsen
NUTZUNG Blüten im Spätwinter

Winterlinge gehören zu den ersten kleinen Blüten, die im Spätwinter erscheinen. Sie bieten einen fröhlichen Anblick in einer flachen, mit Moos gefüllten Schale. Ich grabe auch gerne ein paar Pflanzen kurz vor ihrem Erscheinen an der Erdoberfläche aus und pflanze sie in ein passendes Gefäß, um im Haus zusehen zu können, wie sie sich langsam entfalten. Mitten im Frühling können Sie seine Samen ernten. Die Blätter erscheinen erst nach der Blüte. Deshalb sollten sie nicht in eine Rabatte gepflanzt werden, da sie dort leicht aus Versehen untergegraben werden könnten. Sie könnten vielleicht eine kleine Gruppe in den Steingarten setzen und darüber kleine Sommerblumen wie Kalifornischen Mohn, Mittagsblume oder nicht kletternde Kapuzinerkresse aussäen. Aber am wohlsten fühlen sie sich zweifelsohne unter laubabwerfenden Bäumen oder Sträuchern.

RUDBECKIA

Rudbeckie

Sommergrüne Stauden und winterharte einjährige Pflanzen
Blüten in Goldtönen bis hin zu einem sattem Bronzerot

Extrem winterhart
HÖHE 90 cm
STANDORT Bevorzugt Sonne
BODEN Jeder gute Gartenboden
GEEIGNETE PFLANZENNACHBARN Fast alle Herbstblumen; kann Lupinen oder Bartnelken nach der Blüte ersetzen
NUTZUNG Blüten vom Hochsommer bis zum Frost

Ich habe Jahre gebraucht, um die spektakuläre Wirkung von Sommerblumen schätzen zu lernen. Sie blühen viel reicher als Stauden und haben oft lebhaftere Farben. Eine meiner liebsten einjährigen Rudbeckien ist *Rudbeckia* ›Marmalade‹ (unten), deren Sortenbezeichnung ihren satten rotgoldenen Farbton ausgesprochen gut beschreibt. Wenn Sie die Samen mitten im Frühling bis zum Ende dieser Jahreszeit in Kästen aussäen, sollten sich die Pflanzen bis zum Hochsommer so weit entwickelt haben, daß Sie damit jede Lücke in Ihren Rabatten ausfüllen können. Unter den Staudenrudbeckien mag ich gerne *R.* ›Goldsturm‹, eine Sorte mit schwarzem Auge, die 90 cm hoch wird, und auch die Rudbeckien, die heute unter der Bezeichnung *Echinacea purpurea* laufen. Sie sind ausgesprochen reizvoll in Farben zwischen Karmesin und Purpur getönt und entwickeln innerhalb von zwei Jahren große Wurzelballen. Die schönste unter ihnen ist *E. purpurea* ›Bressingham Hybrid‹.

FORSYTHIA × INTERMEDIA ›SPECTABILIS‹

Forsythie

Laubabwerfende Sträucher
Gelbe Blüten

Bedingt bis sehr winterhart
HÖHE 2,50 m
STANDORT Bevorzugt volle Sonne, verträgt aber auch leichten Schatten
BODEN Fruchtbar
GEEIGNETE PFLANZENNACHBARN Ölweide *Elaeagnus pungens* ›Maculata‹, frühlingsblühende Zwiebelpflanzen, Primeln
NUTZUNG Zweige mit sich öffnenden Blütenknospen im frühen Frühjahr

Die Forsythie öffnet ihre Blüten zu Beginn des Frühlings; ihre Zweige sind dann über die ganze Länge mit auffallenden, leuchtendgelben, aber duftlosen Blütenblättern bedeckt. Sie ist vielseitig verwendbar, d. h., sie läßt sich an einer Mauer, als freistehender Strauch – falls genug Platz ist, sieht eine Dreiergruppe besonders schön aus – oder als ein Strauch neben anderen in einer gemischten Hecke ziehen. Forsythien wachsen schnell und problemlos. Sie blühen am jungen Holz; deshalb sollte ein Drittel des blühenden Holzes einmal im Jahr nach der Blüte zurückgeschnitten werden, damit die Sträucher zu neuem Wachstum angeregt werden. Ein alter vernachlässigter Busch kann dadurch verjüngt werden, daß man ihn – das junge Holz ausgenommen – bis auf den Boden zurückschneidet. Er blüht dann wieder im zweiten Jahr. Vermehren lassen sich Forsythien durch Stecklinge aus halbreifem Holz im Sommer oder aus Hartholz im Winter.

PHYSALIS ALKEKENGI FRANCHETII

Chinesische Lampionblume

Sommergrüne Stauden
Orangefarbene oder blutrote Samenkapseln

Bedingt bis sehr winterhart
HÖHE 60 cm
STANDORT Sonne oder Schatten
BODEN Jeder Bodentyp
GEEIGNETE PFLANZENNACHBARN *Iris foetidissima,* Silberpfennig
NUTZUNG Samenkapseln im Winter. Die Samenkapseln können verwendet werden, solange sie noch grün sind, aber auch nachdem sie sich orange oder rot gefärbt haben

Die Lampionblume ist von besonderem Liebreiz im Winter, wenn sich ihre Samenköpfe orange gefärbt haben. Im Sommer sehen sie dagegen unordentlich aus, und ihre erdbeerähnlichen Blüten sind unscheinbar. Deshalb sollte man sie am besten hinter laubabwerfende Pflanzen oder Sträucher setzen, wo sie im Sommer verdeckt sind. Die Samenkapseln halten im Freien wochenlang. Im Haus behalten sie ihren Glanz den ganzen Winter über. Im Winter kommt ihre Schönheit besonders zur Geltung, wenn man sie mit *Iris foetidissima* zusammenpflanzt und glänzende Silberpfennige dahintersetzt. Zieht man die Lampionblumen aus Samen, dann beginnen sie im zweiten Jahr zu blühen. Sie können im Frühjahr durch Teilung vermehrt werden.

ALSTROEMERIA

Alstroemerie

Sommergrüne Stauden
Rosa, rote, orangefarbene oder gelbe Blüten

Bedingt bis sehr winterhart
HÖHE 90–120 cm
STANDORT Sonnig
BODEN Fruchtbar, gut durchlässig
GEEIGNETE PFLANZENNACHBARN *Perovskia,* Perlpfötchen, Zwergrittersporn, *Artemisia* ›Powis Castle‹ und *A.* ›Silver Queen‹
NUTZUNG Blüten im Sommer halten sich lange in der Vase

Alstroemerien sind schön gezeichnete lilienähnliche Blumen, die ihre großen Blütenköpfe auf drahtigen Stielen tragen, die mit weichen schmalen Blättern besetzt sind. *Alstroemeria ligtu* und ihre Hybriden, die in Farbtönen zwischen rötlichem Rosa bis hin zu Rot variieren, sind eine gute Wahl für den kleinen Garten. *A. aurantiaca* (unten), kräftig orangefarben oder leuchtendgelb gefärbt, ist starkwüchsiger und eignet sich deshalb besser für den größeren Garten. Um Alstroemerien zu ziehen, folgt man am besten der Anweisung von G. S. Thomas: Pflanzen Sie im Spätsommer in Töpfen gezogene Exemplare, die noch nicht ausgetrieben haben, 25 cm tief in die Erde und markieren Sie die betreffende Stelle. Im ersten Winter bedecken Sie sie mit einer dicken Mulchschicht, um sie gegen Fröste zu schützen. Vergrößern Sie die Pflanzenmenge, indem Sie Samen direkt in die Rabatte aussäen, sobald er im Herbst reif geworden ist. Falls Sie Alstroemerien versetzen wollen, graben Sie viereckige Stücke aus, ohne den Boden rings um die Wurzeln, die sehr empfindlich sind, aufzuwühlen oder zu entfernen.

PYRACANTHA

Feuerdorn

Immergrüne Sträucher
Rote und gelbe Beeren

Sehr winterhart; wenn die oberen Zweige erfrieren, erholt sich der Strauch wieder von der Basis aus
HÖHE 2 m nach fünf Jahren, maximale Höhe 4 m
STANDORT Schatten
BODEN Verträgt eigentlich alle Böden; er darf nur nicht zu alkalisch sein
NUTZUNG Beeren im Spätwinter

Die leuchtenden Beeren des Feuerdorns sind im Garten an dunklen Wintertagen von aufsehenerregender Wirkung. Feuerdorn kann an einer Mauer oder als freistehender Strauch gezogen werden. Ich finde es am schönsten, wenn man ihn ganz fest an eine Mauer bindet und einige gebogene Zweige locker herunterhängen läßt. Für eine Hauswand empfehle ich *Pyracantha atalantioides* (wegen seiner scharlachroten Beeren), *P. rogersiana* (mit orangefarbenen Beeren, oben), oder *P. rogersiana* ›Flava‹ (mit gelben Beeren). *P.* ›Mohave‹ ist ausladender und eignet sich deshalb besser für eine Gartenmauer. Beschneiden Sie den Feuerdorn nur leicht. Denken Sie daran, daß er blüht und Früchte sowohl am alten als auch am neuen Holz trägt. Aus unerfindlichen Gründen lassen die Vögel die Feuerdornbeeren unberührt.

AQUILEGIA

Akelei

Sommergrüne Stauden
Blüten in vielen Farben

Sehr winterhart
HÖHE 30–90 cm
STANDORT Sonne und leichter Schatten
BODEN Jeder gute Gartenboden
GEEIGNETE PFLANZENNACHBARN Iris, Lupinen, Mohn
NUTZUNG Blüten im Frühling und Frühsommer

Akelei gehört unbedingt zu den wichtigsten Pflanzen, die ich für den Garten und als Schnittblume empfehle. Sie hat hübsches Laub und trägt ihre Blüten auf kräftigen Stielen. Unter den verschiedenen Arten empfehle ich besonders die gewöhnliche Akelei *Aquilegia vulgaris* – unsere heimische dunkelblaue Wildblume mit kurzen Sporen, *A.* ›McKana Giant Hybrids‹, die sich durch große Blüten in den verschiedensten Farbtönen auszeichnet, und *A.* ›Nora Barlow‹, eine ungewöhnliche Varietät ohne Sporen mit gefüllten rosa und grünen Blüten. *A.*›Olympia Red and Gold‹ (oben) ist eine andere Hybride der *A. vulgaris*. Pflanzen Sie Akelei in großen Mengen in den schattigen Teil ihres Gartens, und setzen Sie einige in die vorderste Reihe Ihrer Rabatte, wo sie am besten zur Geltung kommen. Wenn Sie einigen Pflanzen erlauben, sich auszusäen, ziehen Sie sich auf einfache Weise eine neue Generation.

BERGENIA

Bergenie

Immergrüne Stauden
Weiße, rosa oder rote Blüten; grüne Blätter, häufig mit einer leicht rötlichen Färbung im Winter

Sehr winterhart
HÖHE 30–60 cm
STANDORT Sonne oder Schatten; die schönste Blattfärbung im Winter in sonniger Lage
BODEN Nicht zu nahrhaft
GEEIGNETE PFLANZENNACHBARN Pflanzen mit speerförmigen Blättern wie Yucca und Neuseeländischer Flachs *Phormium tenax*
NUTZUNG Blätter das ganze Jahr über, Blüten im Spätwinter und Frühling. Die Blätter halten sich gut im Wasser

Bergenien lassen sich vielseitig verwenden. Sie sind ideal als Bodendecker und in solchen Ecken des Gartens, die schwer zu bepflanzen sind. Mit ihnen lassen sich großartige Wirkungen an Treppen und Eingängen erzielen, und sie gedeihen unter so schwierigen Bedingungen wie in trockenem Schatten, auf Lehmböden und in an Küsten gelegenen Gärten. Die härteste und gewöhnlichste Bergenie ist *Bergenia cordifolia* (unten) mit dunkelrosa Blüten. *B. cordifolia* ›Purpurea‹ wird höher und hat magentarote Blüten und Blätter. Die Hybride *B.*›Ballawley‹ hat karmesinrote Blüten, rote Blätter und Blütenstiele und benötigt Windschutz. Es gibt einige schöne Bressingham-Hybriden, z.B. *B.* ›Bressingham White‹. Bergenien lassen sich einfach vermehren: Brechen Sie einfach ein paar alte fleischige Stiele im Winter ab und graben Sie sie tief ein. Sie bilden dann neue Wurzeln und werden die Farbenpracht Ihres Gartens im nächsten Jahr weiter bereichern.

CORNUS ALBA

Hartriegel

Laubabwerfende Sträucher
rotes oder gelbes Holz

Sehr winterhart
HÖHE 2 m
STANDORT Sonnig oder teilweise beschattet
BODEN Feucht
GEEIGNETE PFLANZENNACHBARN *Mahonia aquifolium*, frühlingsblühende Zwiebelpflanzen, Christrosen *Helleborus foetidus* und *H. orientalis*, im allgemeinen rote Pflanzen
NUTZUNG Farbige Zweige im Winter

Ein einziger Busch von *Cornus alba* ›Sibirica‹ im Garten kann bereits einen nachhaltigen Eindruck hinterlassen. Seine farbigen Winterzweige sind auch in einem winterlichen Gesteck oder Strauß ausgesprochen wirkungsvoll. Pflanzen Sie Ihren Hartriegel vor eine Mauer oder eine immergrüne Hecke. Umgeben Sie ihn mit anderen Rottönen, um die Farbe seines Astwerks zu reflektieren und zu verstärken. Setzen Sie eine *Mahonia aquifolium* (die Sie durch Beschneiden niedrig halten) dazu, unterpflanzen Sie ihn mit blauen Scilla, Anemonen und Krokussen, und Sie erleben ein aufregendes Schauspiel vom Winter bis in den Frühling. Dieser Strauch benötigt einen immer feucht bleibenden Boden. Sobald er gut angewachsen ist, schneiden Sie jedes Frühjahr die alten Äste bis auf den Hauptstamm zurück, bevor die Blattknospen sprießen. Die neuen Zweige haben ein dunkles, glänzendes, leuchtendes Rot, und die mittelgrünen Blätter vieler Arten nehmen im Herbst ebenfalls einen Rotton an.

VIBURNUM TINUS

Schneeball

Immergrüne Sträucher
Weiße Blüten, rosa Knospen

Bedingt bis sehr winterhart
HÖHE erreicht schnell 90 cm, maximale Höhe 3 m
STANDORT Volle Sonne bis mäßiger Schatten
BODEN Jeder feuchte, gut durchlässige Boden
GEEIGNETE PFLANZENNACHBARN Sommerblühende Kletterpflanzen wie Wicken, Schönranke oder *Maurandia* zum Hindurchwachsen
NUTZUNG Blüten im Winter, Blätter das ganze Jahr über

Viburnum tinus war einer der ersten winterblühenden Sträucher, die mich beeindruckt haben. Man sollte ihn immer sorgfältig plazieren, d. h. dort, wo die Wintersonne seine Blüten bescheinen kann. Dieser Strauch trägt den ganzen Winter über schöne weiße Blüten, die in der Knospe rosa sind. Im Herbst schmückt er sich mit blauschwarzen Beeren. Normalerweise bekommt er eine Einzelstellung; er kann aber auch als Hecke oder als Teil einer gemischten Hecke gezogen werden, solange er nicht kräftig beschnitten werden muß. Ich empfehle besonders ›Eve Price‹ mit seinen reizvollen karmesinroten Knospen und Blättern, die etwas kleiner sind und dadurch kräftiger wirken, und den kleinwüchsigen Strauch ›Gwellian‹, der sich auch durch schöne Blüten auszeichnet. Die Blätter des Schneeballs glänzen nicht genügend, um in allen Jahreszeiten ein reizvolles Bild zu bieten; falls er aber an eine exponierte Stelle gesetzt wird, sollte man eine Kletterpflanze hindurchwachsen lassen, um ihn auch im Sommer zu schmücken.

ILEX

Stechpalme

Immergrüne oder laubabwerfende Sträucher
Grüne oder panaschierte Blätter; rote oder gelbe Beeren

Sehr winterhart
HÖHE 1,50–2 m nach 5 Jahren
STANDORT Gedeiht am besten in der Sonne; wächst auch im Schatten, wird dann aber nicht so dicht
BODEN Jeder gute Gartenboden
NUTZUNG Blätter und Beeren im Winter. Sie halten sich gut in der Vase

Im Garten des Blumenarrangeurs darf ein Ilexbusch auf keinen Fall fehlen. Die Blätter bilden einen markanten dunklen Hintergrund für Winterblumen aus dem Garten oder vom Blumenhändler. Ich mag besonders gerne *Ilex × ataclarensis* ›Golden King‹ mit seinen fast dornenlosen Blättern, die breite gelbe Ränder aufweisen. Trotz seines Namens ist dieser Ilex weiblich, d. h., er hat auch den Vorteil, Beeren zu tragen. Er wächst sehr schnell und legt in einem guten Boden 40 cm und mehr in einem Jahr zu. *I. aquifolium* ›Silver Queen‹ ist männlich, trägt also keine Beeren, zeichnet sich aber durch hübsche panaschierte Blätter mit grauer Marmorierung und weißlichen Rändern aus. *I. aquifolium* ›J. C. van Tol‹ wiederum hat fast dornenlose Blätter in einem glänzenden Dunkelgrün, und die weiblichen Pflanzen tragen eine Fülle roter Beeren. Die wertvollste Stechpalme mit gelben Beeren ist *I. aquifolium* ›Bacciflava‹. *I. aquifolium* ›Mme Briot‹ (unten) hat goldgerandete Blätter. Stechpalmen können in jeder Jahreszeit beschnitten werden. Achten Sie aber beim Schnitt darauf, daß Sie die Blätter nicht durchschneiden.

COTONEASTER

Zwergmispel

Laubabwerfende oder immergrüne Sträucher
rote, orangefarbene oder gelbe Beeren

Bedingt bis sehr winterhart
HÖHE Von niedrigen, bodendeckenden Formen bis zu 3 m hohen Sträuchern
STANDORT Sonnig oder teilweise beschattet
BODEN Jeder Bodentyp
GEEIGNETE PFLANZENNACHBARN Frühlingsblühende Zwiebeln unter laubabwerfenden Varietäten
NUTZUNG Beeren im Herbst

Für jeden Platz im Garten gibt es einen passenden Cotoneaster. Die folgenden eignen sich außerdem besonders gut als Begleitmaterial in einem Gesteck oder Strauß. *Cotoneaster dammeri* ist ein ausladender immergrüner Strauch, der in schwierigen Gartenbereichen, an Ufern, unter Bäumen und auf steinigem Grund gut als Bodendecker geeignet ist und jedes Jahr eine gute Menge leuchtendroter Beeren hervorbringt. *C.* ›Skogholm‹ mit orangefarbenen Beeren ist auch ein guter immergrüner Bodendecker, ebenso *C. × hybridus pendulus* (oben). Der laubabwerfende *C. horizontalis* ist so starkwüchsig, daß es gar nicht auffällt, wenn man einige Zweige fürs Haus von ihm abschneidet. Der immergrüne *C. salicifolius* ›Autumn Fire‹ hat orangerote Früchte, und einige Blätter nehmen im Herbst eine schöne Rotfärbung an. Wenn Sie gelbe Beeren haben möchten, sollten Sie sich für den hohen immergrünen *C.* ›Rothschildianus‹ entscheiden und ihn entweder als Hintergrundpflanze in einer Rabatte oder als Blickpunkt in einer gemischten Hecke verwenden.

KOLKWITZIA AMABILIS

Kolkwitzie

Laubabwerfende Sträucher
Blaß rosafarbene Blüten

Bedingt bis sehr winterhart
HÖHE 1,50 m nach 5 Jahren, maximale Höhe 3,50 m
STANDORT Bevorzugt volle Sonne, blüht aber auch im Halbschatten
BODEN Nahrhaft, gut durchlässig
GEEIGNETE PFLANZENNACHBARN Einjährige Wicken oder herbstblühende Clematis zum Hindurchwachsen
NUTZUNG Blüten im späten Frühjahr und Frühsommer, Samenköpfe im Herbst und Winter

Die hängenden Zweige der Kolkwitzie sind mit sanftrosa Glockenblüten geschmückt, die in ihren Kehlen einen Hauch von Gelb zeigen. Sie beginnen im Spätfrühjahr oder Frühsommer zu blühen. Wenn sich die Blüten in Samenköpfe verwandeln, verlieren sie kaum an Reiz. Ich habe schon gehört, daß es Kolkwitzien gibt, die nicht blühen wollen. Wählen Sie also bei Ihrem Kauf ein Exemplar aus, daß schon Knospen oder Blüten zeigt. Die Kolkwitzie kann als freistehender Strauch oder an einer Mauer gezogen werden. Schneiden Sie sie nach der Blüte kräftig zurück, indem Sie einen Teil des alten Holzes bis zum Boden wegnehmen, und jedes Jahr wird Sie ein prächtiger Strauch mit einem Blütenmeer belohnen, das eine wahre Augenweide im Garten ist und Ihnen darüber hinaus eine Menge Schnittmaterial für Ihre Vasen liefert.

PRUNUS

Prunus

Dekorative Bäume und Sträucher
Rosa bis weiße Blüten

Sehr winterhart
HÖHE 1–8 m
STANDORT Sonne oder leichter Schatten
BODEN Jeder Bodentyp
GEEIGNETE PFLANZENNACHBARN Weiße Narzissen, rosa Tulpen
NUTZUNG Blüten im Winter und Frühjahr

Die meisten Prunusarten sind zu groß für einen kleinen Garten oder blühen zu kurz, als daß es sich lohnen würde, ihnen viel Platz einzuräumen. Es gibt aber einige Ausnahmen. *Prunus mume,* die Japanische Aprikose, hat rosafarbene, nach Mandeln duftende gefüllte Blüten im Spätwinter und frühen Frühjahr. Die Sorte *P. mume* ›Beni-shi-don‹ duftet besonders stark. Halten Sie den kleinen Strauch in Form, indem Sie großzügig Zweige für Ihre Vasen abschneiden. Zu meinen Lieblingen gehört auch der winterblühende *P. subhirtella* ›Autumnalis‹, dessen weiße Blüten vom Spätherbst bis zum frühen Frühjahr blühen. *P. subhirtella* ›Pendula‹ (unten) schmückt im Frühjahr seine hängenden Zweige mit blaßrosa Blüten. Mir gefällt auch der purpurblättrige *P. × cistena,* der sich vorzüglich als niedrige Heckenpflanze eignet. Mit ein paar Zweigen läßt sich ein wirkungsvoller Sommerstrauß gestalten. *P. tenella* trägt einzelne rosa Blüten. Schneidet man ihre 75 cm langen Blütentriebe fürs Haus, kann man sie zu stärkerem Wachstum anregen. Trotz der kurzen Blütezeit sind alle Prunusarten eine echte Bereicherung für jeden Garten und entzücken in Sträußen durch ihre zarte Anmut.

SYRINGA

Flieder

Laubabwerfende Sträucher
Blüten in Weiß, Creme, Blaßgelb, Blau, Lila, Rosa, Karmesinrot, Purpur

Sehr winterhart
HÖHE 1–6 m
STANDORT Volle Sonne oder leichter Schatten
STANDORT Alle bevorzugen Kalk, vertragen aber die meisten anderen Böden; einige können alkalischen Boden nicht vertragen
GEEIGNETE PFLANZENNACHBARN *Rosa* ›Canary Bird‹, Himmelsleiter, Wiesenraute
NUTZUNG Blüten im Sommer

Für jeden Garten sollte es einen passenden Flieder geben. Eine Baumschule kann Sie beraten, welche Sorte am besten in Ihren Garten paßt. Die folgenden mag ich persönlich am liebsten: Für den Vordergrund einer Rabatte bevorzuge ich *Syringa velutina (palibiniana),* den Koreanischen Flieder. Er hat einen niedrigen, dichten, kompakten Wuchs, trägt recht schöne dunkelgrüne Blätter und viele kleine duftende lilarosa Blütenrispen. Für die Mitte der Rabatte würde ich unter den verschiedenen Varietäten *S. × josiflexa* ›Bellicent‹ mit den riesigen rosafarbenen Blütenrispen auswählen. *S. vulgaris* (oben), der gewöhnliche Flieder, der 5 m hoch werden kann, paßt am besten in den Hintergrund einer Rabatte. Er kann auch als Solitärstrauch verwendet werden. Im Spätfrühling oder Frühsommer müssen Sie Ihren Flieder sorgfältig beschneiden und alle seine Schößlinge entfernen.

ASTRANTIA

Sterndolde

Sommergrüne Stauden
Weiße, rosa oder grüne Blüten

Sehr winterhart
HÖHE 60–90 cm
STANDORT Sonne oder Teilschatten
BODEN Gut durchlässig
GEEIGNETE PFLANZENNACHBARN Sigmarswurz *Malva alcea* ›Fastigiata‹; rosa, blaue oder mauvefarbene Blumen
NUTZUNG Blüten den ganzen Sommer über, getrocknete Blüten im Winter

Sterndolden passen am besten in die Mitte einer Rabatte. Ihre reizvolle Hügel bildenden Blattrosetten erscheinen im frühen Frühjahr. Die Blüten sind von einer zurückhaltenden Schönheit – 2,5 bis 5 cm im Durchmesser und völlig symmetrisch. An jedem Stiel sitzen mehrere Blütenköpfe, die aus einem dichten Bündel kleiner Blüten bestehen, die von einem Brakteenkragen umgeben sind. Die Brakteen werden später papierartig und lassen sich leicht trocknen. Ich empfehle *Astrantia major,* die weiße Blütchen mit grünlichen Brakteen besitzt, und *A. maxima* (oben), die ganz rosa getönt ist. Die Sterndolden breiten sich durch unterirdische Ausläufer aus. Falls Sie ihre Wurzelballen klein halten wollen, graben Sie sie alle zwei Jahre aus, und teilen Sie sie.

ROSA

Rose

Sträucher und Kletterpflanzen
Blüten in allen Farben, ausgenommen reines Blau

Bedingt winterhart
HÖHE Von Miniaturgrößen bis zu einer Höhe von 9 m
STANDORT Die meisten gedeihen am besten in voller Sonne
BODEN Nahrhaft, gut durchlässig
GEEIGNETE PFLANZENNACHBARN Kletterarten von Clematis, Bodendecker wie Veilchen unter Strauch- und Buschrosen
NUTZUNG Blüten im Sommer und Herbst; einige Varietäten auch im Winter

Ich pflanze in den Garten am liebsten altmodische Rosen – Gallica-, Damaszener-, Bourbonrosen und öfter blühende Hybriden. Obgleich diese Rosen unter Umständen in der Vase nicht sehr lange halten, bieten sie für eine kurze Zeit ein wunderbares wogendes Schauspiel aus feinen Schattierungen und Texturen. Grundsätzlich ist die Auswahl der Rosen mehr noch als die anderer Blumen Ausdruck des persönlichen Geschmacks. Unter den alten Rosen liebe ich besonders die Kletterrosen ›Aimée Vibert‹ mit ihren weißen Blütenbüscheln und ›Zéphirine Drouhin‹, die fast keine Dornen hat und kirschrosa Blüten trägt, die weiße Bourbonrose ›Boule de Neige‹, die Gallicarose ›Camaieux‹ mit ihren weiß geflammten karmesin-purpurfarbenen Blütenblättern und die Damaszenerrose ›Isphahan‹ (oben rechts) mit ihren stark duftenden rosa Blüten. Es gibt nicht viele weiße Teehybriden, aber ich empfehle ›Pascali‹ und die Polyantharose ›Schneewittchen‹ (Mitte rechts) zum Schneiden. Unter den gelben Rosen haben die Teehybriden ›King's Ransom‹ und ›Grandpa Dickson‹ sowie die Floribunda ›Mountbatten‹ mit ihren Blütenbüscheln schöne kräftige Farben. Auch die modernen Strauchrosen ›Buff Beauty‹, ›Penelope‹ und ›Golden Wings‹ dürfen wir nicht vergessen. Die blaßrosa Floribunda ›Lady Sylvia‹ und die leuchtendrosa ›Heidi‹ mit ihren vielen Blütenblättern eignen sich vorzüglich zum Schneiden. ›Cécile Brunner‹ zeichnet sich durch makellose winzige Blüten aus, die hübsch ins Knopfloch passen und entzückend in Biedermeiersträußchen aussehen. Unter den rotblühenden Rosen haben die Teehybriden ›Alec's Red‹ und ›Velvet Hour‹ reizvolle Farbtöne und halten lange im Wasser. Viele Rosen, insbesondere die Rugosa-Hybriden (unten rechts), bringen schöne Hagebutten hervor, die sich hübsch in Herbststräußen verarbeiten lassen, aber sich auch wunderbar in die Farbpalette des Gartens in dieser Jahreszeit einpassen.

NERINE BOWDENII

Nerine

Zwiebelpflanzen
Rosa Blüten

Bedingt winterhart
HÖHE 70 cm
STANDORT Sonnig und geschützt
BODEN Jeder gute Gartenboden
GEEIGNETE PFLANZENNACHBARN Frühlingsblühende Zwiebelpflanzen, Kletterrosen, Clematis
NUTZUNG Blüten im Spätsommer und Frühherbst

Wenn die meisten anderen Pflanzen zu blühen aufgehört haben oder sich dem Ende ihrer Saison nähern, entfalten die Nerinen ihre farbige Blütenpracht und sind deshalb im Garten besonders wertvoll. Ihre blaßrosa Blütenähren erscheinen im Spätsommer, bevor die Blätter austreiben. Nerinen lieben die Sonne, und sie benötigen ein warmes Plätzchen – vor einer sonnigen Mauer stehen sie besonders gern. Sie blühen am besten, wenn man sie ungestört läßt. Graben Sie den Boden kräftig um, und arbeiten Sie gut verrotteten Kompost unter, bevor Sie die Zwiebeln 15 cm tief in die Erde legen. (Messen Sie die Tiefe ab Zwiebelspitze, und ignorieren Sie den langen dünnen Hals.) Eine jährliche Dosis Flüssigdünger oder Knochenmehl vor dem Verwelken der Blätter fördert das Wachstum. Falls sie sich zu stark vermehren, erscheinen die Zwiebeln an der Oberfläche. Dann ist der Zeitpunkt gekommen, daß sie ausgegraben und umgepflanzt werden müssen – eine Arbeit, die man im Spätfrühjahr ausführen sollte, wenn die Blätter abgestorben sind.

HELLEBORUS

Christrose, Nieswurz

Immergrüne Stauden
Blüten in Weiß oder Blaßgrün bis hin zu Rosa und dunklem Burgunderrot

Bedingt bis sehr winterhart
HÖHE 30–75 cm
STANDORT Sonne im Winter, Schatten im Sommer
BODEN Waldland oder fruchtbarer Gartenboden
GEEIGNETE PFLANZENNACHBARN Im frühen Frühjahr blühende Zwiebelpflanzen
NUTZUNG Blüten von der Wintermitte bis zum Frühjahr

Christrosen sind eine wunderbare Bereicherung des Gartens mitten im Winter, bis die Frühjahrsblumen erwachen. Aber denken Sie daran, daß die ›Blütenblätter‹ in Wirklichkeit Kelchblätter sind. Man kann die Köpfe pflücken, solange sie noch ganz frisch sind, falls man sie in eine Wasserschale legen möchte; sollen sie aber wie Schnittblumen an längeren Stielen in der Vase halten, muß man so lange warten, bis die Kelchblätter gealtert und papieren geworden sind. Es ist eine Freude zuzusehen, wie die großen weißen Blüten des *Helleborus niger,* der eigentlichen Christrose, mitten im Winter zwischen ihrem wunderbaren dunklen Laub hervortreiben. Die Blüten färben sich im Alter etwas rosa. *H. foetidus* ist das ganze Jahr über hübsch anzuschauen. Sie trägt ihre grünen und rotgerandeten Blüten in kleinen Büscheln an Stielen, die sich im vorhergehenden Jahr entwickelt haben. Die Blüten des *H. orientalis* (unten), die im frühesten Frühjahr erscheinen, zeigen eine Farbpalette von Weiß über Rosa bis hin zu einem satten Pflaumenton.

DAHLIA

Dahlie

Knollenstauden
Blüten in allen Farben, Blau ausgenommen

Nicht winterhart; auch die Knollen sind frostempfindlich und müssen an einem frostfreien Platz überwintert werden
HÖHE 50–150 cm
STANDORT Volle Sonne
BODEN Nahrhaft, tief umgegraben und gut gedüngt
GEEIGNETE PFLANZENNACHBARN *Artemisia lactiflora*
NUTZUNG Blüten vom Sommer bis zum Frost

Dahlien mit ihrem breiten Spektrum an unterschiedlichen Höhen, Farben und Blütengrößen passen an viele Plätze in der Rabatte und können in vielen verschiedenen Blumenarrangements verwendet werden. Die Varietät ›Nijinski‹ ist oben abgebildet. Damit die Dahlien gut gedeihen und reichlich blühen, sollte man den für sie vorgesehenen Standort gut durcharbeiten und kräftig düngen. Im Frühjahr ziehen Sie die Knollen in Kästen in einem Gewächshaus oder an einem anderen frostfreien Platz vor. Wenn sie Schößlinge treiben, lassen Sie nur vier oder fünf sich voll entwickeln. Die anderen entfernen Sie und verwenden sie für die Vermehrung, indem Sie sie wie Stecklinge behandeln. Im Frühsommer setzen Sie die Knollen sorgsam an ihren endgültigen Standort und binden beim Einpflanzen die hohen Sorten an Stäben fest.

Sie können die Knollen auch direkt an ihrem endgültigen Standort 13 cm tief eingraben. Achten Sie darauf, daß sie keinen späten Frost mehr bekommen; er könnte die Triebe schädigen.

LONICERA

Geißblatt (sommerblühend)

Laubabwerfende oder halbimmergrüne Kettersträucher
Weiße, gelbe, rote oder purpurne Blüten

Bedingt bis sehr winterhart
HÖHE Unterschiedlich; unter guten Bedingungen können einige Arten bis zu 9 m hoch werden
STANDORT Lichter Schatten
BODEN Jeder gute Gartenboden
GEEIGNETE PFLANZENNACHBARN Rosmarin und andere duftende Pflanzen
NUTZUNG Blüten vom Spätfrühling bis zum Herbst

Geißblatt sollte immer möglichst frei klettern können. Wenn Ihr Garten groß genug ist, pflanzen Sie verschiedene Arten, deren Blütezeiten sich vom Frühjahr bis zum Herbst erstrecken. Die laubabwerfende *Lonicera periclymenum* ›Belgica‹ entfaltet ihre Blüten (rötlich-purpur, gelblich getönt) im Spätfrühjahr. Die Blüten der *L. japonica* ›Halliana‹, die weiß sind und später gelb werden, und die purpurgeflammten Blüten der *L. japonica repens* (beide halbimmergrün) erscheinen im Hochsommer, ebenso die weißen Blüten der laubabwerfenden *L. × americana,* die sich später dunkelgelb färben. *L. periclymenum* ›Serotina‹ (oben), die spätblühende holländische Sorte des Waldgeißblattes, die ebenfalls ihr Laub abwirft, entfaltet im Herbst ihre üppigen rötlichpurpurnen Blüten. Sie alle haben einen starken Duft. Ich würde aber auch zwei nicht duftende sommerblühende Geißblätter empfehlen: *L.* ›Dropmore Scarlet‹ mit ihren leuchtend scharlachroten Blüten und *L. tragophylla,* die ihre Blüten in goldgelben endständigen Büscheln trägt.

DIANTHUS

Nelke

Immergrüne Stauden
Weiße, rosa oder rote Blüten

Bedingt bis sehr winterhart
HÖHE 15–60 cm
STANDORT Bevorzugt Sonne, verträgt Halbschatten
BODEN Gut durchlässig
GEEIGNETE PFLANZENNACHBARN Tulpen, frühlingsblühende Zwiebelpflanzen wie *Iris reticulata*
NUTZUNG Blüten im Sommer

Nelken sehen hübsch in der Rabatte aus, wo ihre schmalen immergrünen Blätter blaugraue Hügel bilden. Außerdem eignen sie sich gut zum Schneiden. Die meisten Nelken, die aus der Federnelke *Dianthus plumarius* hervorgegangen sind, verströmen einen süßen Duft. Ich empfehle gerne die gefüllten Varietäten ›Mrs Sinkins‹, ›Thomas‹, ›Dad's Favourite‹ und eine einfache rotblühende Sorte ›Brympton Red‹. Sie blühen alle im Frühsommer. Die Gartennelken, die größtenteils aus *Dianthus carophyllus* hervorgegangen sind, blühen etwas später. Pflanzen Sie sie als Beeteinfassung, oder lassen Sie sie über einen Weg quellen oder zwischen den Pflastersteinen in einem Innenhof wachsen. Zu meinen ausgesprochenen Lieblingen gehört ›Nancy Lindsay‹, aber auch die Blüten der ›Highland Hybrid‹ sehe ich gern in meinem Garten. Die Bartnelke *Dianthus barbatus* ist weniger winterhart und läßt sich am besten wie eine zweijährige Pflanze behandeln. Säen Sie sie im Sommer ein, und pflanzen Sie sie im Herbst oder Frühjahr aus. Sie halten sich lange in der Vase.

SEDUM ›AUTUMN JOY‹

Fetthenne

Sommergrüne Stauden
Rosa Blüten, die im Alter rostfarben werden

Extrem winterhart
HÖHE 60–90 cm
STANDORT Sonne oder Halbschatten
BODEN Feucht, aber gut durchlässig
GEEIGNETE PFLANZENNACHBARN Pflanzen mit blauen Blüten und grauen Blättern, z. B. die Bartblume Caryopteris
NUTZUNG Blüten im Herbst, getrocknete Blüten im Winter

Fetthennen gehören zu den nützlichsten Stauden, und *Sedum* ›Autumn Joy‹ mit seinen kleinen sternförmigen Blüten, die großartige Blütenköpfe bilden, ist vielleicht die schönste der höher wachsenden Fetthennen. Die graugrünen Blattknospen durchstoßen im Frühjahr die Bodendecke, und die kräftigen Stiele sind bald mit fleischigen Blättern bedeckt. Gegen Ende des Sommers tragen sie dann flache rosa Blütenköpfe, die die Schmetterlinge anziehen. Die Blüten sind genauso reizvoll im Herbst, wenn sie ihre Farben von Rosa über Bronze bis hin zu einem Kupferton verändern. Fetthennen eignen sich als Vordergrundpflanze in einer Rabatte, insbesondere zusammen mit blauen Blumen. Sie müssen nicht an Stöcken festgebunden werden, solange man die Wurzelballen nicht zu groß werden läßt. Denken Sie daran, sie alle zwei Jahre zu teilen! Sie lassen sich leicht durch Blattstecklinge vermehren, und die für die Vasen geschnittenen Stiele treiben im Wasser oft Wurzeln und können ohne weiteres im Frühjahr oder Frühsommer ins Freie gepflanzt werden.

PRIMULA

Primel

Stauden mit immergrünen Blättern
Blüten in fast allen Farben

Bedingt bis sehr winterhart
HÖHE 10–70 cm
STANDORT Sonne oder Halbschatten
BODEN Neutral bis alkalisch, nahrhaft, feuchtigkeithaltend
GEEIGNETE PFLANZENNACHBARN Azaleen und Rhododendren, frühblühende Zwergnarzissen und Tulpen
NUTZUNG Blüten im frühen Frühjahr bis zum Sommer

Primeln sind die echten Vorboten des Frühlings. Sie sehen hübsch in kleinen Sträußen aus, und man kann sie großzügig pflücken. Ich bevorzuge die ›Barnhaven‹-Primeln mit ihren vielen Farbtönen, aber vor allem die dunkelkastanienfarbigen, die Polyanthus-Primel ›Gold Lace‹ mit ihrem goldfarbenen Muster und *Primula* ›Garryarde Guinevere‹ mit ihrem bronze-purpurfarbenem Laub. *P. polyneura* (oben) blüht zu Beginn des Sommers. Später entfalten sich dann die *P. florindae* und die Etagenprimeln, die einen sumpfigen Boden benötigen, um gut gedeihen zu können. Ihre 70 cm langen Stiele, die sich über bräunlichen Blättern erheben und strohfarbene Samenköpfe tragen, bieten im Winter ein eindrucksvolles Bild. Primeln lassen sich leicht durch Teilung oder durch Samen vermehren. Teilen Sie die Wurzelballen, nachdem die Blüten verwelkt sind. Sobald die Samen reif sind, säen Sie sie in ein vorbereitetes Saatbeet in lichtem Schatten aus. Im Herbst können Sie dann die Pflanzen an ihren endgültigen Standort setzen.

ACANTHUS SPINOSUS

Akanthus

Sommergrüne Stauden
Blaßmauve- bis purpurfarbene Blüten

Bedingt bis sehr winterhart
HÖHE 120–150 cm
STANDORT Sonnig
BODEN Fruchtbar, gut durchlässig
GEEIGNETE PFLANZENNACHBARN Narzissen, Tulpen, *Monarada* ›Prairie Night‹, *Hydrangea villosa* und Schleierkraut
NUTZUNG Blätter im Frühjahr; frische Blütenähren im Sommer, getrocknete im Winter. Da sie ausgesprochen stachelig sind, lassen sie sich schwer verarbeiten.

Die tief eingeschnittenen, glänzendgrünen Blätter des Akanthus erscheinen als erste im Frühjahr und bilden einen schönen Hintergrund für spätblühende Narzissen und blasse Tulpen. Im Hochsommer haben sich dann die 90 cm langen Blütenähren mit ihren dunkelpurpurfarbenen Blütenköpfen und ihrem blaßmauvefarbenem Schlund entwickelt. Drei oder fünf Stiele in einer Vase genügen. Später im Sommer bilden sich Samen aus und reifen, bis die Pflanzen vertrocknet sind; sie behalten ihre stachelige Eleganz den ganzen Winter über. Pflanzen Sie den Akanthus im Frühjahr; im Winter gepflanzt, können seine dicken, fleischigen Wurzeln verfaulen. Es ist ratsam, jeden einzelnen Blütenstiel festzubinden, da der Wind sonst die strenge Symmetrie der Pflanzen zerstören könnte. Setzen Sie den Akanthus nur dorthin, wo er sich genügend ausbreiten kann, und vermeiden Sie möglichst, seinen Hauptwurzelballen zu stören. Wenn er sich erst einmal eingewöhnt hat, vermehrt er sich durch Schößlinge.

ASTER

Aster

Sommergrüne Stauden
Lavendelblaue, violette, rosa oder leuchtendrosa Blüten

Sehr winterhart
HÖHE 40–140 cm
STANDORT Sonnig (im Schatten werden sie zu hoch)
BODEN Jeder gute Gartenboden
GEEIGNETE PFLANZENNACHBARN Fetthenne, Schleierkraut, *Artemisia* ›Powis Castle‹
NUTZUNG Blüten im Spätsommer. Sie halten sich gut in der Vase.

Astern in ihren vielen Farbtönen sind vielseitig verwendbar. Überlegen Sie genau, welche Farben in Ihre Rabatten passen, und ob sie auch mit den Farbtönen in Ihrem Haus harmonieren. Achten Sie auch darauf, daß Sie die besten Sorten einkaufen. Eine gute Wahl ist die *Aster* × *frikartii* (90 cm) mit hellavendelblauen Blüten, die violette *A. amellus* ›King George‹ (oben, 60 cm), *A. novae-angliae* ›Harrington's Pink‹ (120 cm) und *A. novae-angliae* ›Alma Pötschke‹, deren auffallende leuchtendrosaroten Blüten graue Nachbarpflanzen benötigen. Die Hybriden variieren in der Winterhärte; deshalb ist es beim Kauf der Pflanzen wichtig, daß Sie die für Ihre Gegend geeigneten Sorten auswählen. Die meisten Astern werden im Laufe des Sommers an den Stielansätzen unansehnlich. Verbergen Sie deshalb die unteren Stielabschnitte hinter Pflanzen wie Schleierkraut, Fetthenne oder Artemisien. Zur Vermehrung können die Astern geteilt oder im Frühjahr junge Schößlinge von den Rändern der Wurzelballen abgenommen werden.

PULMONARIA

Lungenkraut

Bodendeckende sommergrüne Stauden
Rosa und blaue Blüten; grüne Blätter mit grauen Flecken

Extrem winterhart
HÖHE 30 cm
STANDORT Schatten oder Halbschatten
BODEN Jeder gute Gartenboden
GEEIGNETE PFLANZENNACHBARN Schneestolz, Scilla, Schneeglöckchen, Salomonssiegel
NUTZUNG Blätter über eine lange Zeit im Jahr; Blüten im Winter und Frühjahr

Für mich ist das Lungenkraut eine wichtige winterblühende Pflanze. Seine graugefleckten Blätter bilden eine ideale Bodendecke fast das ganze Jahr über. Seine Stiele, Blätter und Blütenschalen sind mit silbernen Härchen bedeckt, die in der Sonne glitzern. Sie verdienen ein schattiges Plätzchen in der Vorderfront einer Rabatte oder am Rande eines Weges, wo sie aus nächster Nähe bestaunt werden können. Für mich ist das Lungenkraut eine echte Bauerngartenpflanze. *Pulmonaria officinalis* (unten) hat schmale weißgefleckte Blätter, *P. saccharata* hat silbrigweiße Flecken, *P. saccharata* ›Mrs. Moon‹ und *P. saccharata* ›Margery Fish‹ sind gute Züchtungen. Es gibt auch weiße und blaue Formen. Schneiden Sie alle Blütenstiele nach der Blüte ab, damit sich die neuen Blätter frei entwickeln können. Vermehren Sie Ihren Pflanzenvorrat durch Teilung nach der Blüte. Die Bezeichnung Lungenkraut soll sich übrigens von der Ähnlichkeit herleiten, die zwischen den Flecken auf den Blättern der Pflanze und denen auf einer erkrankten Lunge besteht.

SCABIOSA CAUCASICA

Skabiose

Sommergrüne Stauden
Blaue Blüten

Extrem winterhart
HÖHE 60–70 cm
STANDORT Volle Sonne in gemäßigten Klimaten, lichter Schatten in Gegenden, wo die Sommer sehr heiß sind
BODEN Leichter, lehmiger, eher alkalischer als saurer Boden
GEEIGNETE PFLANZENNACHBARN Gelenkblume *Physostegia virginiana*
NUTZUNG Blüten den ganzen Sommer über

Diese Pflanze hat Blüten mit einem Durchmesser von 10 cm, deren hübsche gekräuselte Blütenblätter pudrig blau oder lavendelfarben sind. Die Blütenstiele sind fast blattlos. William Robinson hielt sie für die edelsten Stauden in seinem Garten. Pflanzen Sie sie in großen Gruppen, um sie richtig zur Wirkung zu bringen. *Scabiosa caucasica* ›Clive Greaves‹ mit ihren blaßlavendelblauen Blüten ist die schönste; ›Miss Willmott‹ ist eine wunderbare cremeweiße Sorte. Skabiosen blühen über einen langen Zeitraum und treiben neue Blüten, wenn die verwelkten abgeschnitten werden. Sie benötigen keine Stütze. Sie können sie aus Samen ziehen; die verschiedenen Züchtungen müssen Sie aber als Pflanzen kaufen und können Sie dann durch Teilung weiter vermehren. Alle zwei Jahre sollten Sie die Pflanzen im Frühjahr teilen, da die alten verkümmern und absterben.

CLEMATIS

Clematis

Laubabwerfende oder immergrüne Kletterpflanzen
Blüten in allen Farben

Bedingt bis sehr winterhart
HÖHE Bis zu 6 m
STANDORT Die meisten lieben Sonne, ihre Wurzeln müssen aber beschattet sein
BODEN Alkalisch, nahrhaft und feucht, aber gut durchlässig
GEEIGNETE PFLANZENNACHBARN Rosen, andere laubabwerfende und immergrüne Sträucher
NUTZUNG Blüten das ganze Jahr hindurch

Die kleinen Blüten der Clematis, die sich im Frühling und Herbst entfalten, eignen sich gut für Biedermeiersträuße, während die großen Blüten der sommerblühenden Hybriden wie ›Nelly Moser‹ und ›Lasurstern‹ besonders reizvoll aussehen, wenn man sie in eine flache Wasserschale legt. Im Garten klettern Clematis an Mauern und Zäunen empor oder schlingen sich durch andere Sträucher. Sie vertragen überhaupt keine Trokkenheit. Falls Sie eine Clematis an einer Mauer hochziehen wollen, pflanzen Sie sie in einem Abstand von 30 cm und leiten die Triebe zur Mauer zurück. Pflanzen Sie sie immer so tief, daß der Topfrand der Clematis gut bedeckt ist. Geben Sie den empfindlichen jungen Trieben im ersten Jahr einen guten Schutz. Clematis der Jackmanii- (unten), Texenis- und Viticellagruppen, die im Spätsommer und Herbst am neuen Holz blühen, müssen im frühen Frühjahr kräftig zurückgeschnitten werden. Die frühlingsblühenden Clematis der Alpina-, Macropetala- und Montanagruppen benötigen nur einen geringfügigen Schnitt, um ordentlich auszusehen.

VIOLA

Veilchen, Stiefmütterchen

Sommergrüne Stauden, winterharte ein-oder zweijährige Pflanzen
Blüten in fast allen Farben, außer kräftigem Rot und Grün

Bedingt bis sehr winterhart
HÖHE 10–50 cm
STANDORT Sonne oder Halbschatten
BODEN Jeder fruchtbare Boden
GEEIGNETE PFLANZENNACHBARN Rosen
NUTZUNG Blüten im Frühling und Sommer

Stiefmütterchen und Veilchen sind kleine Pflanzen von großem Charme, deren ›Gesichter‹ zu den vielfältigsten und amüsantesten im Garten und deren Düfte zu den köstlichsten zählen. Pflanzen Sie sie an Beetränder, unter Sträucher – insbesondere Rosen – und zwischen andere Pflanzen. Sie sind entzückend in kleinen Sträußen. Das Hornveilchen *Viola cornuta* ist oben abgebildet. Stiefmütterchen gibt es in fast allen Farbtönen mit den unterschiedlichsten Markierungen. Sie lassen sich am besten aus Samen ziehen – indem man sie wie ein- oder zweijährige Pflanzen behandelt – oder können als Sämlinge gekauft werden. Sät man sie in Kästen oder im Hochsommer draußen in einem Saatbeet aus, können die Frühlingsstiefmütterchen im Spätherbst an ihren endgültigen Standort gepflanzt werden. Die sommerblühenden Stiefmütterchen können im frühen Frühjahr ausgesät werden. Falls Sie eine Lieblingssorte erfolgreich gezogen haben, können Sie sie durch Schnittlinge vermehren. Viele Veilchenarten bleiben echt auch bei Samenvermehrung; aber einige der älteren und beliebteren Züchtungen sollten Sie lieber durch Stecklinge vermehren.

NIGELLA DAMASCENA

Jungfer im Grünen

Winterharte Einjährige
Blaßblaue Blüten

Bedingt bis sehr winterhart
HÖHE 50–70 cm
STANDORT Bevorzugt Sonne, verträgt aber leichten Schatten
BODEN Gut bearbeiteter Gartenboden
GEEIGNETE PFLANZENNACHBARN Heuchera, Farne, Frauenmantel, graulaubige Pflanzen, Pflanzen mit weißen, rosa oder blaßgelben Blüten
NUTZUNG Blüten den ganzen Sommer über; Samenköpfe später im Jahr

Die Jungfer im Grünen gehört zu den einjährigen Sommerblumen, die sich besonders leicht ziehen lassen und in ihren verschiedenen Stadien immer hübsch aussehen. Die blauen Blüten, die alle von einem Krägelchen aus schmalen, fenchelähnlichen Blättern umgeben sind, sehen entzückend aus, und die runden Samenköpfe, die zunächst grün sind und beim Vertrocknen strohfarben werden, sind ein hübscher winterlicher Vasenschmuck. Mit Sommerblumen wie *Nigella* lassen sich besonders gut neue Rabatten füllen, solange die Sträucher und Stauden noch klein sind. Säen Sie die Samen im frühen Frühjahr oder Herbst direkt am endgültigen Standort aus, und dünnen Sie die Sämlinge in einem Abstand von 15–20 cm aus. Im Frühling eingesät, blühen sie im Spätsommer. Im Herbst eingesät, überstehen sie normalerweise den Winter und beginnen im Frühsommer zu blühen. Sie können auch im Herbst zwei oder drei Samen in kleine Töpfe aussäen, unter Glas überwintern und im Frühjahr auspflanzen (achten Sie darauf, daß Sie die Wurzeln dabei nicht verletzen!).

AGAPANTHUS

Agapanthus

Sommergrüne Stauden
Dunkelblaue bis blaßblaue oder weiße Blüten

Bedingt winterhart
HÖHE 60–120 cm
STANDORT Volle Sonne
BODEN Nahrhaft, feucht
GEEIGNETE PFLANZENNACHBARN *Nerine bowdenii*, frühlingsblühende Zwiebelpflanzen; graulaubige Pflanzen wie Santolinen, *Artemisia* ›Powis Castle‹ und *Artemisia ludoviciana*
NUTZUNG Blüten im Spätsommer; Samenköpfe im Winter

Die Blütendolden des Agapanthus strecken sich gern zur Sonne hin; deshalb sollten sie ihren Platz in einer exponierten lichtdurchfluteten Rabatte finden. Mehrere Züchtungen, die zuverlässig winterhart sind, sind jetzt erhältlich. Die Agapanthusarten mit den schmaleren Blättern sind im allgemeinen winterhärter als die mit den breiteren Blättern. Diese letzteren meist immergrünen Stauden, überwintern am besten in einem Kübel an einem frostfreien Platz. Die ›Headbourne‹-Hybriden (oben) sind am härtesten und nicht so teuer wie die namentragenden Zuchtformen. Farben und Höhen fallen aber unterschiedlich aus. Läßt man Agapanthus ungestört, entwickeln sich seine Wurzelballen in einem gemäßigten Klima langsam. Zur Vermehrung werden sie im Frühjahr geteilt. Falls Sie einige Samenköpfe als dekorative Wintersilhouetten stehenlassen, können Sie mit Sämlingen rechnen.

CAMPANULA

Glockenblume

Sommergrüne, halbimmergrüne und immergrüne Stauden
Blaue oder weiße Blüten

Bedingt bis sehr winterhart
Höhe 20–150 cm
Standort Sonne oder Schatten
Boden Nahrhaft, gut durchlässig
Geeignete Pflanzennachbarn *Coreopsis verticillata* bei niedrigeren Sorten, Rosen bei höheren; Fetthenne *Sedum* ›Ruby Glow‹
Nutzung Blüten im Sommer und Herbst

Ein noch so kleiner Garten ohne Glockenblumen ist undenkbar. Für Blumensträuße würde ich folgende Arten auswählen: *Campanula carpatica* und *C. portenschlagiana* (syn. *muralis*), die beide dichte Blattbüschel bilden und sich ausgezeichnet für den Rand oder die Ecke einer Rabatte eignen. *C.* ›Burghaltii‹ mit großen blaulila Blüten läßt sich schwer auftreiben, lohnt sich aber unbedingt. *C. glomerata* ›Superba‹, die 50 cm hoch wird und violettpurpurfarbene rundliche Blütenköpfe trägt, läßt sich besonders gut schneiden; sie neigt zum Wuchern und sollte deshalb mit anderen wuchernden Pflanzen wie *Artemisia ludoviciana* zusammengepflanzt werden. Die blaue oder weiße *C. persicifolia* blüht den ganzen Sommer über an 90 cm langen Stielen, vorausgesetzt, Sie machen sich die Mühe, die verwelkten Blüten immer wieder auszuzwicken. *C. lactiflora* (unten) trägt glockenförmige Blüten an 90–150 cm langen verzweigten Stielen. Die hoch aufragende *C. pyramidalis* läßt sich wunderbar in Töpfen ziehen und ins Haus stellen, wo ihre weißen und blauen Blüten und herzförmigen Blätter über viele Wochen halten.

ROSMARINUS

Rosmarin

Immergrüne Sträucher
Blaßblaue bis dunkelblaue Blüten; graugrüne Blätter

Sehr winterhart
Höhe 75–120 cm
Standort Volle Sonne
Boden Leicht, gut durchlässig
Geeignete Pflanzennachbarn Weiße Clematis, frühlingsblühende Zwiebelpflanzen
Nutzung Blätter das ganze Jahr über; Blüten im Frühling

In jedem Garten sollte ein Rosmarinbusch stehen. Man kann ihn als Einzelstrauch nach vorne oder hinten in die Rabatte setzen, vor eine sonnige Mauer pflanzen oder aus vielen Pflanzen eine niedrige Hecke ziehen. Seine Zweige mit den aromatischen schmalen immergrünen Blättchen sind ein liebreizender Begleitschmuck in Vasen zu jeder Jahreszeit, und im Frühling kann man darüber hinaus seine hübschen blauen Blüten genießen. Natürlich ist Rosmarin auch ein stark aromatisches Küchenkraut. Ich liebe besonders den gewöhnlichen Rosmarin *Rosmarinus officinalis* (oben) – für mich eine der aromatischsten und härtesten Sorten; den Zwergstrauch *R. officinalis* ›Severn Sea‹ mit seinen dunkelblauen Blüten, und der goldene *R. officinalis* ›Follis Aureus‹. *R.* ›Miss Jessup's Upright‹ ist schwer aufzutreiben, hat aber einen reizvollen pyramidenartigen Wuchs. Vorausgesetzt, Sie pflanzen Ihren Rosmarin in die volle Sonne und in einen gut durchlässigen Boden, in dem niemals das Wasser stehenbleibt, dann ist er erstaunlich unkompliziert. Die meisten Sorten lassen sich leicht durch Stecklinge vermehren.

DELPHINIUM

Rittersporn

Sommergrüne Stauden oder winterharte Einjährige
Blüten in allen Farben

Extrem winterhart
Höhe 60 cm–2 m
Standort Sonnig
Boden Nahrhaft, gut durchgearbeitet und gut durchlässig; lieber alkalisch als sauer
Geeignete Pflanzennachbarn Graulaubige Pflanzen, Katzenminze
Nutzung Blüten vom Hoch- bis zum Spätsommer

Der hohe blaue Rittersporn *Delphinium elatum* ist die Urform der meisten bekannten Gartenhybriden. Die mit Namen versehenen Varietäten gibt es in allen Farben – von Weiß über Creme und Blaßgelb bis hin zu allen kräftigen Blau-, Mauve- und Purpurtönen. Vorausgesetzt, die Pflanzen werden von ihren Hauptfeinden, den Schnecken, geschützt, dann bringen sie vom ersten Jahr an schöne Blütenähren hervor. Werden sie aus Samen gezogen, brauchen sie zwei Jahre, um sich voll zu entwickeln. Haben sie sich aber erst einmal gut eingelebt, halten sie sich über viele Jahre. Zum Frühlingsbeginn versorgen Sie den Rittersporn mit etwas Knochenmehl und binden schon bald die Stengel sorgfältig an Stäben fest. Stecklinge können im Frühjahr von der Stammpflanze abgenommen werden. Der einjährige Rittersporn *Delphinium ajacis* (unten) zählt zu den dankbarsten Sommerblumen, vor allem, wenn man genügend Platz hat, um ihn in großen Gruppen zu pflanzen. Wenn man die Blütenähren abschneidet, bevor sie Samen ansetzen, blühen sie ein zweites Mal.

MUSCARI

Traubenhyazinthe

Zwiebelpflanzen
Weiße und blaue Blüten

Bedingt bis sehr winterhart
Höhe 13–20 cm
Standort Sonnig
Boden Gut durchlässig
Geeignete Pflanzennachbarn Veilchen, Zwergnarzissen, Aubrietien, botanische Tulpen, höhere rote Tulpen, später Stauden oder winterharte Einjährige
Nutzung Blüten im Frühjahr

Traubenhyazinthen gehören zu den wertvollsten frühlingsblühenden Zwiebelgewächsen, und ihre kräftigen, aufrechten Stiele eignen sich vorzüglich zum Schneiden. *Muscari armeniacum* (oben) hat duftende leuchtendblaue Blüten. *M. azureum* öffnet früh seine blaßblauen Blüten. Außerdem gibt es noch eine weiße Form *M. botryoides* ›Album‹. Sie sehen entzückend am Wegrand und unter laubabwerfenden Bäumen, vor allem unter blühenden Kirschen aus. Sie haben sich bei uns in schmalen Beeten wie blaue Bänder ausgebreitet, zwischen denen *Viola* ›Mauve Haze‹ reichlich hervorsprießt und die verwelkten Blätter bedeckt. In einem kleinen Garten kann man die verblühten Pflanzen zwischen Stauden verstekken, die sich vielleicht rings um sie ausbreiten, oder aber Sommerblumen zwischen ihnen aussäen. Traubenhyazinthen sind sehr anspruchslos. Pflanzen Sie die Zwiebeln 10 cm tief, und achten Sie darauf, daß Sie die jungen Blätter nicht beschädigen, wenn sie im Spätherbst hervorsprießen. Sich selbst überlassen, vermehren sie sich rasch.

IRIS

Zwiebel- und Rhizomstauden
Blüten in allen Farben, ausgenommen leuchtendes Rot

Bedingt bis sehr winterhart
Höhe 10–35 cm
Standort Die meisten benötigen Sonne
Boden Es gibt Irisarten für feuchte Böden: vor dem Pflanzen die Bodenbedingungen der jeweiligen Sorten überprüfen
Geeignete Pflanzennachbarn Schneeglöckchen und niedrige Bodendecker zu *Iris reticulata;* Pfingstrosen, Lilien und einjähriger Mohn zu Bartschwertlilien, Santolinen zu Holländischen Schwertlilien
Nutzung Blüten im Winter, Frühjahr und Sommer

Schon zum Winteranfang öffnet *Iris unguicularis (I. stylosa)* ihre eindrucksvollen lavendelfarbenen Blüten. Im Spätwinter und zu Beginn des Frühjahrs entfaltet sich *I. reticulata* (unten) in verschiedenen Purpurschattierungen. Im Frühsommer entfalten die Holländischen Schwertlilien ihre kräftigen Blüten an festen Stielen. Ihr Farbspektrum reicht von Weiß über Gelb bis zu Blau und Purpur. Am besten pflanzen Sie sie an einen Platz, wo keine großen Lücken entstehen, wenn Sie einige Stiele für die Vase schneiden. Die sommerblühenden Bartschwertlilien sind hochwachsende majestätische Blumen, die herrlich in Sträußen aussehen. Brechen Sie ihre verwelkten Blüten sorgfältig aus, und immer neue werden sich öffnen. Sie sollten so gepflanzt werden, daß ihre Rhizome an der Erdoberfläche zu sehen sind und während der heißen Monate von der Sonne durchglüht werden können. Im Spätsommer können sie geteilt und verpflanzt werden.

NEPETA

Katzenminze

Sommergrüne Stauden
Lavendelfarbene Blüten; graue Blätter

Extrem winterhart
Höhe 30 cm oder 90 cm
Standort Sonne
Boden Gut durchlässig
Geeignete Pflanzennachbarn Pfingstrosen, weiße und rosa Rosen
Nutzung Blütenähren im Sommer

In Blumensträußen ist die Katzenminze stets das Begleitmaterial. Die entzückenden lavendelfarbenen Blüten und grauen Blätter verbinden sich gut mit den meisten Farbtönen, und wenn man ihre Stiele abschneidet, wachsen neue nach. Im Garten ist sie vorzüglich als Beeteinfassung geeignet, insbesondere dort, wo sie sich locker über einen Weg neigen kann. Ihre kleinen weichen grauen Blätter bilden außerdem eine hübsche Bodendecke in Sommerbeeten. Die beiden besten Katzenminzen sind *Nepeta faasenii (N. × mussinii),* die nur 30 cm hoch wird und sich wunderbar als Einfassung von Rosenbeeten oder als Bodendecker zwischen Rosen eignet, und *N.* ›Six Hills Giant‹, die 90 cm hoch wird und ausgezeichnet zu krautigen Pflanzen, vor allem Pfingstrosen, paßt. Schneidet man die Stiele nach der ersten Blütezeit zurück, kann man sich an einer zweiten Blüte im Spätsommer erfreuen. Danach sollte man die verwelkten Stiele stehenlassen, um die Pflanze im Winter vor Frost zu schützen. Katzenminzen werden im Frühjahr durch Teilung oder durch Stecklinge vermehrt.

HOSTA

Funkie

Sommergrüne Stauden
Weiße oder blaßmauvefarbene Blüten; Blätter in vielen Schattierungen, oft auch panaschiert

Sehr winterhart
HÖHE 15–150 cm
STANDORT Leichter Schatten
BODEN Nahrhaft, feucht
GEEIGNETE PFLANZENNACHBARN Narzissen, Tulpen, Farne, Schleifenblumen und Pflanzen mit schmalen schwertförmigen Blättern wie Taglilien und Montbretien
NUTZUNG Blätter im Frühling und Sommer; getrocknete Blätter im Winter

Funkien gibt es in vielen verschiedenen schönen Arten und Sorten. Sie können grüne, graue oder blaue Blätter haben und in der Mitte oder am Rand weiß, gelb oder lindgrün gezeichnet sein. Sie variieren in den Formen zwischen schwertförmig und rundlich, in der Textur zwischen glatt und runzelig, gerippt und wellig. Außerdem haben viele Funkien sehr reizvolle oder duftende Blüten. Funkien gedeihen gut im Schatten; sie verdienen aber einen Standort, wo ihr schönes Laub voll zur Geltung kommen kann. Denken Sie beim Pflanzen daran, daß sie im Laufe der Zeit höher und schöner werden und daß sie am besten gedeihen, wenn man sie ungestört läßt und sie dicke Horste bilden können. Sie müssen vor Schnecken geschützt werden. Am besten lassen sie sich durch Samen vermehren. Sie können zwar geteilt, möchten aber lieber in Ruhe gelassen werden.

ALCHEMILLA MOLLIS

Frauenmantel

Sommergrüne Stauden
Lindgrüne Blüten; grüne Blätter

Bedingt bis sehr winterhart
HÖHE 50 cm
STANDORT Sonne oder Schatten in gemäßigten Klimazonen; Schatten in heißen Ländern
BODEN Nahrhaft, feucht
GEEIGNETE PFLANZENNACHBARN Weiße, gelbe, blaue und purpurfarbene Blumen; paßt nicht zu orangeroten und rosafarbenen Blüten
NUTZUNG Blätter vom Frühling bis zum Herbst; Blüten den ganzen Sommer über; getrocknete Blüten im Winter

Mit seinen anmutigen Blüten und Blättern paßt der Frauenmantel beinahe zu allen anderen Blumen. Die rundlichen und fein gezähnten graugrünen Blätter entfalten sich im Frühjahr. Die Rispen voller sternförmiger lindgrüner Blüten erscheinen im frühen Frühjahr, und die Blütezeit beträgt mindestens zwei Monate. Ich verwende Frauenmantel als Beeteinfassung. Direkt daneben pflanze ich frühlingsblühende Zwiebelgewächse oder Primeln, die zu blühen aufgehört haben und herausgenommen werden können, bevor die Frauenmantelblätter zu groß werden. Frauenmantel sät sich selbst geradezu üppig aus. Sobald er seinen ihm zugewiesenen Platz ausgefüllt hat, rate ich Ihnen deshalb, jede Blütenrispe abzuschneiden, bevor die Samen reif geworden sind. Wenn man die ganze Pflanze nach der ersten Blüte zurückschneidet und sie großzügig mit Torf und Knochenmehl düngt und anschließend gut wässert, bringt sie einen neuen Teppich frischer Blätter hervor, der ebenso dicht und üppig ist wie der erste.

FARNE

Winterhart, meist immergrün
Grüne Wedel

Bedingt bis sehr winterhart
HÖHE 10 bis 60 cm
STANDORT Schatten
BODEN Feucht, nicht zu nahrhaft
GEEIGNETE PFLANZENNACHBARN Salomonssiegel, Alraune, Lungenkraut, Funkien, Lilien, frühlingsblühende Zwiebelgewächse
NUTZUNG Laub das ganze Jahr über

Die eleganten grünen Farnwedel bilden einen ruhigen, gefälligen Hintergrund für Blumen im Garten und in Sträußen. Getrude Jekyll hat empfohlen, Farne in großen Gruppen im Waldgarten zusammen mit Lilien und in schattigen Rabatten mit Gruppen aus Funkien und frühlingsblühenden Zwiebelgewächsen zu pflanzen. Für den Blumenarrangeur empfehle ich: Pfauenradfarn *Adiantum pedatum* mit seinen schwarzen drahtigen Stielen von 50 cm Länge; Steinfeder *Asplenium scolopendrum*, den immergrünen winterharten Zungenfarn; Frauenfarn *Athyrium filix-femina*, der Feuchtigkeit liebt; Wurmfarn *Dryopteris filix-mas*, der gut in trockenem Boden gedeihen kann; Königsfarn *Osmunda regalis;* Tüpfelfarn *Polypodium vulgare*, der sich gut als Bodendecker eignet, und Punktfarn *Polystichum setiferum*. Farne gehören zu den ausgesprochen problemlosen Pflanzen. Die meisten Farne lassen sich einfach aus Sporen ziehen, und sobald sie sich erst einmal eingelebt haben, bedürfen sie, bis auf das Entfernen der verwelkten Wedel einmal im Jahr, keiner weiteren Pflege.

EUONYMUS FORTUNEI

Spindelstrauch, Pfaffenhütchen

Immergrüne Sträucher
Grüne oder panaschierte Blätter

Sehr winterhart
HÖHE 60 bis 90 cm; als Kletterpflanze höher
STANDORT Bevorzugt Sonne, verträgt aber auch Schatten
BODEN Alkalisch; gedeiht aber in jedem Boden
GEEIGNETE PFLANZENNACHBARN Als Laubkontrast Rosmarin, Efeu *Vitis coignetiae*
NUTZUNG Blätter das ganze Jahr über

Vor vielen Jahren habe ich den damals noch kaum bekannten *Euonymus fortunei* gekauft, und er hat sich ausgesprochen gut bei uns bewährt. Verwendet man ihn vorne in der Rabatte als immergrünes Gehölz, wo er keine Möglichkeit zum Klettern hat, bleibt er niedrig. Pflanzt man ihn aber vor eine Mauer oder an einen Baumstamm, dann entwickelt er seine Kletterfähigkeit. Die Blätter sind ein wunderbares Begleitmaterial in Blumensträußen und Gestecken. Sie leuchten immer golden, und in kalten Wintern bekommen sie einen rosa Hauch. In den Büchern steht, man solle den Spindelstrauch schneiden. Das ist aber nur halb richtig. Als freistehender Strauch muß er nicht beschnitten werden; soll er aber eine Mauer mit einem dichten Blätterkleid bedecken, läßt man ihn zunächst frei wachsen, schneidet ihn dann zurück und leitet ihn zur Mauer. Selbst bei dieser Art der Behandlung haben Sie also immer noch genügend Material für Ihre Blumenarrangements.

GARRYA ELLIPTICA

Becherkätzchen

Immergrüne Sträucher
Graugrüne Blüten

Bedingt winterhart
HÖHE 2,50 m nach 5 Jahren; maximale Höhe 4,50 m
STANDORT Bevorzugt volle Sonne; verträgt aber auch leichten Schatten
BODEN Nahrhaft
GEEIGNETE PFLANZENNACHBARN Herbstblühende Clematis oder Wicken zum Hindurchwachsen, Winterjasmin
NUTZUNG Kätzchen im Winter und Frühjahr

Dieser immergrüne Strauch kann als freistehendes Gehölz verwendet oder vor eine Mauer gesetzt werden. Man sollte möglichst eine männliche Pflanze kaufen, da die weiblichen weniger auffällige Blüten haben. Sogar im Sommer hat der männliche Strauch eine etwas schmutzige Farbe, da seine Blätter nahezu glanzlos sind. Im Winter entfaltet er jedoch seine eigentliche Pracht, wenn seine wunderschönen Kätzchen allmählich eine Länge von 15 bis 20 cm erreichen. Als freistehender Strauch muß das Becherkätzchen nicht beschnitten werden, es sei denn, Sie wollen es im ganzen verkleinern. Falls Sie es an einer Mauer ziehen, schneiden Sie es zurück, sobald seine Kätzchen verwelkt sind, d. h. in dem Moment, wenn die alten Blätter fallen und die neuen zu sprießen beginnen. Becherkätzchen bevorzugen sonnige Plätze – an einem zu schattigen Standort wuchern sie zu sehr und treiben auch weniger Blüten. Am besten läßt man die herbstblühende *Clematis viticella* ›Alba Luxurians‹ hindurchwachsen und verschönert so sein Aussehen in einer weniger reizvollen Phase.

ELAEAGNUS

Ölweide

Laubabwerfende und immergrüne Sträucher
Grüne Blätter, gold gezeichnet oder mit silbernen Unterseiten

Bedingt bis sehr winterhart
HÖHE 1,20 m nach 5 Jahren, maximale Höhe ungefähr 3 m
STANDORT Verträgt tiefen Schatten und behält trotzdem seine farbigen Blätter
BODEN Jeder nicht zu trockene Boden
GEEIGNETE PFLANZENNACHBARN Frühlingsblühende Zwiebelgewächse, gelbe Sommerblumen
NUTZUNG Farbige Blätter das ganze Jahr über, einige Varietäten blühen im Sommer

Für Gärtner und Blumenarrangeure ist *Elaeagnus pungens* ›Maculata‹ vielleicht die bekannteste Ölweide. Ihre Blätter mit leuchtendgelber Mitte treten wirkungsvoll aus der Rabatte hervor, und ihre steifen Zweige bilden eine gute Grundlage für ein Gesteck. *E.* × *ebbingei* (oben) hat grüne Blätter mit silbernen Unterseiten. Die blaßgelben bis hin zu silbernen Blüten sind eher unscheinbar, duften aber köstlich. *E.* × *ebbingei* ›Gilt Edge‹ hat Blätter mit einem goldenen Rand, und *E.* × *ebbingei* ›Limelight‹ hat Blätter mit einem goldenen Fleck in der Mitte. *E. angustifolia* trägt auch kleine, aber duftende Sommerblüten; ebenso *E. umbellata parviflora*, die später oft kleine runde orangefarbene Früchte hervorbringt. Im allgemeinen blüht die Ölweide nicht länger als zehn Jahre. Sie muß nicht beschnitten werden. Vergessen Sie aber nicht, bei den panaschierten Arten die nicht panaschierten Schößlinge zu entfernen!

HEDERA

Efeu

Immergrüne kletternde Sträucher
Grüne Blätter, mitunter grau oder goldfarben gezeichnet

Sehr winterhart
HÖHE Ungefähr 1,50 m
STANDORT Am liebsten Halbschatten; die goldblättrigen Formen bevorzugen volle Sonne
BODEN Benötigt zum Anwachsen Feuchtigkeit, verträgt danach aber trockenen Boden
GEEIGNETE PFLANZENNACHBARN *Clematis × jackmanii,* Kletterrosen
NUTZUNG Blätter das ganze Jahr über; Früchte im Herbst

Im allgemeinen wird Efeu als eine immergrüne Kletterpflanze verwendet, unter der oft ein unansehnlicher Schuppen verborgen oder mit dem eine Mauer verkleidet wird. Es klettert von selbst, sollte aber am Anfang befestigt und in die gewünschte Richtung gelenkt werden. Man kann es aber auch wie ein Band als Wegeinfassung verwenden, von einer niedrigen Stützmauer herunterhängen oder sich wie einen Teppich über den Boden austreiben lassen. Efeu gibt es in vielen verschiedenen Blattgrößen und Farbschattierungen – angefangen von den 15–20 cm großen graugrünen Blättern der *Hedera colchica* ›Dentata variegata‹ mit ihren cremefarbenen Rändern über *H. colchica* ›Sulphur Heart‹ mit ihren gelb geflammten Blättern bis hin zu *H. helix* ›Golden Heart‹ mit seinen 2,5 cm großen Blättern, die einen gelben Fleck in der Mitte tragen, und *H. helix* ›Glacier‹ (unten) mit silbernen Blatträndern. Es macht Spaß, diese Blätter in Blumenarrangements zu verarbeiten – sei es als ganze Ranken oder aber als einzelne Blätter.

EUCALYPTUS

Eukalyptus

Immergrüne Bäume
Blaugrüne Blätter

Bedingt bis sehr winterhart; bei Frost können die oberen Zweige abfrieren, der Baum regeneriert sich aber wieder
HÖHE Hoher Baum; es sei denn, man schneidet ihn zurück, damit er neu austreibt
STANDORT Volle Sonne
BODEN Gut durchlässig
GEEIGNETE PFLANZENNACHBARN Perückenstrauch *Cotinus coggygria* ›Atropurpureus‹
NUTZUNG Junge Blätter

Es ist nicht unbedingt zu empfehlen, einen Eukalyptus in einen kleinen Garten zu pflanzen, da man Eukalyptuszweige normalerweise beim Blumenhändler kaufen kann. Das eigene Material ist aber immer besser und frischer, und falls Sie genügend Platz haben, lohnt es sich doch, einen *Eucalyptus gunnii* (oben) wegen seines silberblauen jungen Laubs zu pflanzen (die Blätter werden im Alter salbeigrün und sichelförmig). Sie können aber auch einen *E. pauciflora* oder *E. perriniana* auswählen. Pflanzen Sie Ihren Eukalyptus möglichst vor eine immergrüne Hecke, wo er im Winter besonders gut zur Geltung kommt. Um ständig Vorrat an jungen Zweigen in erreichbarer Höhe zu haben, müssen Sie jedes Jahr zu Frühlingsanfang rücksichtslos alle Triebe des Vorjahres bis zum Boden herunterschneiden. Auf diese Weise haben Sie immer genügend junge Zweige mit reizvollen kleinen rundlichen Blättern.

VINCA MAJOR ›VARIEGATA‹

Singrün, Immergrün

Immergrüne Stauden
Panaschierte grüne und goldfarbene Blätter; blaue Blüten

Sehr winterhart
HÖHE 30 cm
STANDORT Sonne oder Schatten
BODEN Jeder gute Gartenboden
GEEIGNETE PFLANZENNACHBARN Dunkelgrüne Stechpalmen
NUTZUNG Hängende Zweige mit panaschierten Blättern. Sie halten gut in der Vase

Dieses panaschierte Immergrün hat sehr reizvolle Blätter an langen Trieben. Wenn es blühen soll, müssen die Triebe im Winter zurückgeschnitten werden. Falls Sie aber auf die Blüten verzichten wollen und die Triebe bis zum Frühjahr stehenlassen, haben Sie für Ihre Wintervasen immer schöne lange Ranken zur Verfügung. Alle Immergrünarten sind gute Bodendecker und eignen sich besonders gut für schattige Plätze. Ich habe es auch schon auf einem leicht erhöhten Beet an einer Auffahrt erfolgreich zwischen und durch *Cotoneaster horizontalis* wachsen sehen. Es kann auch in der Rabatte verwendet werden, vorausgesetzt, Sie geben den langen Ranken nicht die Möglichkeit, Wurzeln zu schlagen und sich überall auszubreiten. Obgleich es einerseits eine Plage sein kann, daß die Triebenden Wurzeln schlagen, kann man andererseits dadurch leicht seinen Vorrat vermehren. Befestigen Sie nur einige Triebenden am Boden oder vergraben Sie sie unter einer dünnen Erdschicht. Auch *Vinca minor* läßt sich vielseitig verwenden; seine Blätter sind aber weniger dekorativ als die blaßgelb gerandeten des *Vinca major.*

Gartentechniken und Tips für das Blumenarrangieren

Über der Freude an Ihrem Sommergarten werden Sie sicher leicht die harte Arbeit vergessen, die es Sie gekostet hat, ihn so herrlich zu gestalten. Für diejenigen, die dieses Buch in ihrem gärtnerischen Ehrgeiz weiter angeregt hat, stellen die Techniken, die im folgenden Kapitel beschrieben werden – wann gemulcht, wie beschnitten, wo gepflanzt werden muß und all die anderen wichtigen jahreszeitlichen Aufgaben – einige notwendige grundlegende Informationen dar, um einen Garten aus Sträuchern und Blumen, der vor allem auf den Blumenarrangeur zugeschnitten ist, anlegen und in Ordnung halten zu können. Sein Haus mit Blumen und Blättern aus dem eigenen Garten zu schmücken, ist ausgesprochen befriedigend. Ob Sie nun üppige Bukette in Krügen, zarte kleine Biedermeiersträuße oder ausgefallenere Kombinationen bevorzugen, ein paar Richtlinien, wie Sie Blumen am besten stecken oder binden können, geben Ihnen Sicherheit, daß Ihre Blumenarrangements immer ein Erfolg sein werden.

✦

Verdienter Lohn

Im Hochsommer, wenn man sogar aus Löwenmäulchen, Rosen, Glockenblumen, Salbei, Clematis, Diptam Dictamnus, *Sommerjasmin und Buschmalven* Lavatera *ohne große Anstrengung einen kunstvollen Blumenstrauß binden kann, werden wir am reichlichsten für alle Mühe und Plage im Garten belohnt.*

VORBEREITUNG EINES BEETES ODER EINER RABATTE

Bei der Planung eines Beetes oder einer Rabatte gibt es eine Menge Dinge zu berücksichtigen, noch bevor Sie sich auf einen Standort festlegen und die passenden Pflanzen auswählen. Ein Besuch bei Ihren Nachbarn und ein Gespräch mit ihnen kann hilfreich sein, wenn Sie gerade in ein neues Haus gezogen sind.

DER BODEN Prüfen Sie zuerst den Boden. Lehmiger Boden fühlt sich klebrig an, saugt sich leicht voll Wasser und erwärmt sich im Frühjahr nur langsam. Ein sandiger Boden dagegen trocknet schnell aus und erwärmt sich im Frühjahr schnell. Ein fetter Boden, der sauer oder alkalisch sein kann, zeichnet sich durch ein Gleichgewicht von Humus und Lehm, Sand oder Kalkstein aus. Er besitzt alle hervorragenden Eigenschaften: Unter den Füßen fühlt er sich schwammig an, ist locker und gut durchlässig. Um den pH-Wert des Bodens – das Säure-Base-Verhältnis – zu ermitteln, kauft man sich am besten ein pH-Meter.

DER STANDORT Überprüfen Sie, wieviel Licht der für Ihre Rabatte vorgesehene Standort in den verschiedenen Jahreszeiten bekommt und wie stark der Frost in diesem Bereich ist. Ob die Lage frei oder geschützt ist, spielt dabei auch eine wichtige Rolle: Wind ist einer der schädlichsten Faktoren für das Gedeihen von Pflanzen, wird als solcher aber meistens kaum beachtet. Er beschleunigt die Verdunstung von Feuchtigkeit, kann die Wurzeln der Pflanzen lockern und ihre Blätter schädigen. Eine Bodensenke, in der sich kalte Luft sammelt, ist anfälliger für Frost. Man kann den Frost in vielen Fällen ablenken, indem man eine Hecke pflanzt.

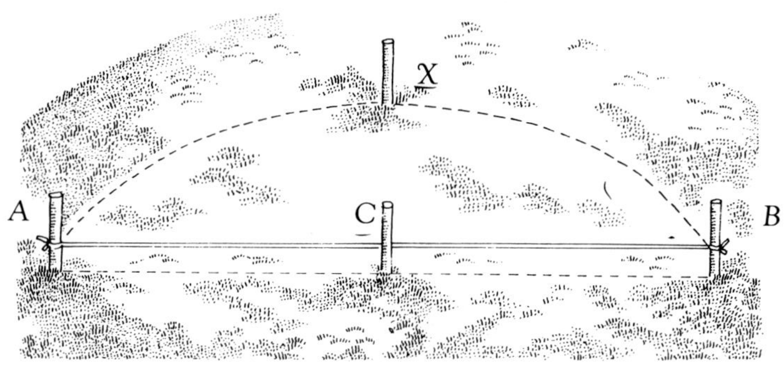

EIN OVALES BEET ABSTECKEN

1. Markieren Sie die Enden der Längsachse mit Pflöcken (A & B). Spannen Sie eine Schnur von A nach B. Markieren Sie den Mittelpunkt (C), und setzen Sie einen Pflock (X) senkrecht auf C und halb so weit entfernt von C wie die gewünschte Beetbreite.

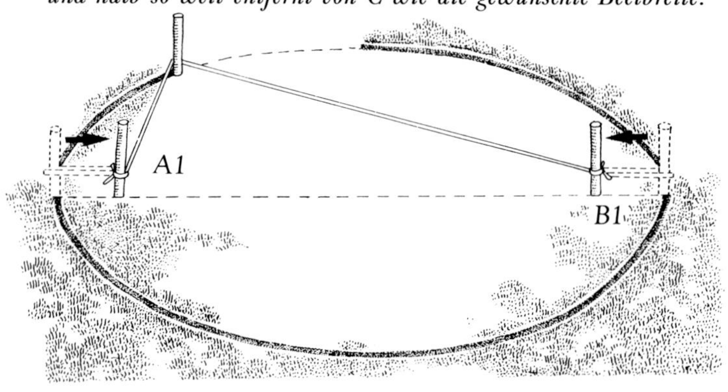

2. Bewegen Sie A und B in gleichen Abständen nach innen, bis Sie die Schnur um X legen können. Schlagen Sie die Pflöcke an dieser Stelle ein (A1 & B1). Markieren Sie das Oval mit dem Pflock X, und halten Sie dabei die Schnur immer gespannt.

EIN UNREGELMÄSSIGES BEET ABSTECKEN

Nehmen Sie ein Stück Schnur, das ungefähr dreimal so lang ist wie die gewünschte Beetlänge, und knoten Sie die Enden zusammen. Legen Sie die Schnur auf den Boden und schieben Sie sie so lange hin und her, bis sich die gewünschte Beetform abzeichnet. Schlagen Sie entlang der Schnur Pflöcke in ungefähr 1 m großen Abständen in die Erde.

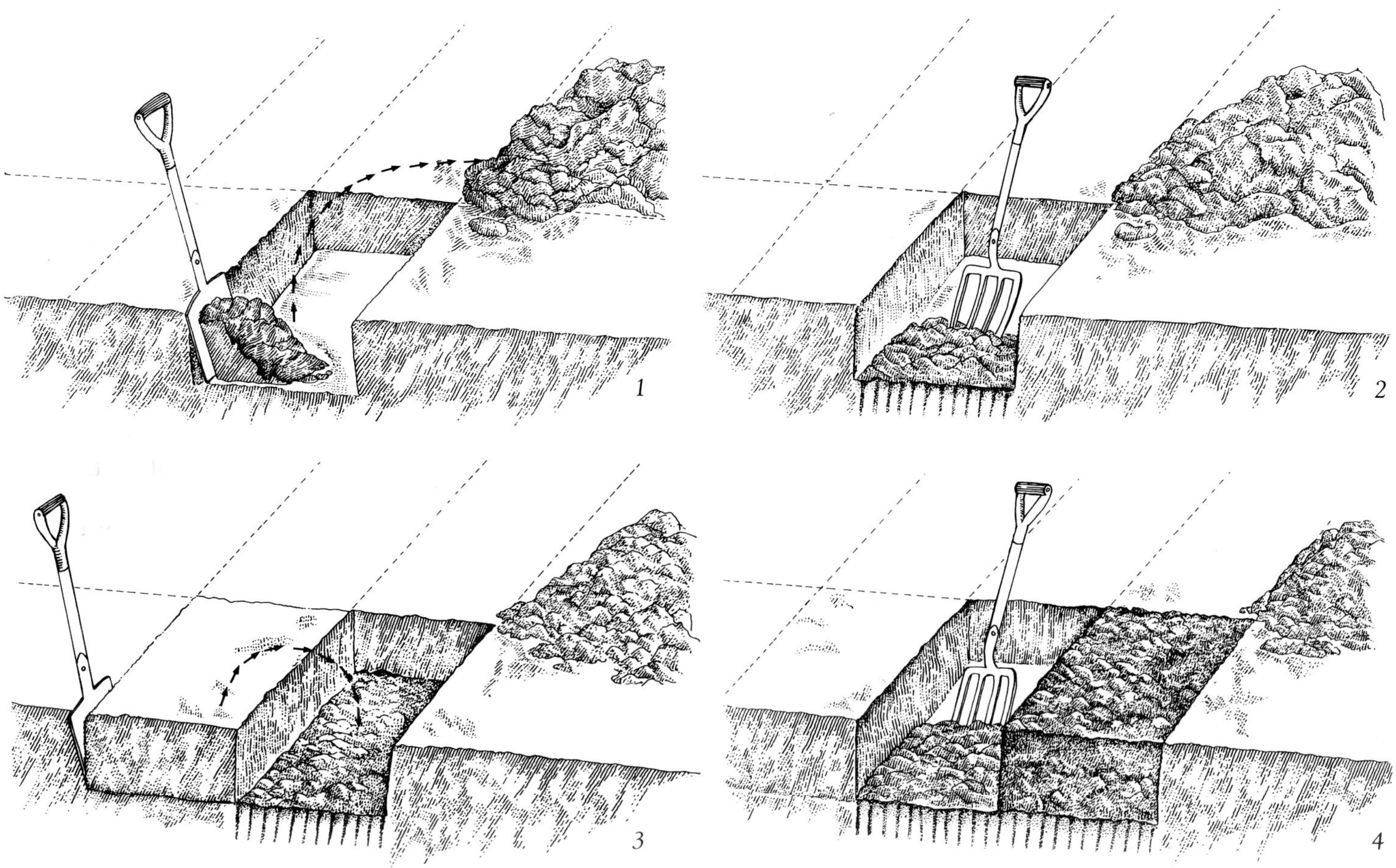

ANLAGE DES BEETES Wenn Sie den Platz für Ihr Beet oder Ihre Rabatte ausgewählt haben, fertigen Sie eine genaue Zeichnung, in der Sie alle geplanten Elemente vermerken. Übertragen Sie den Umriß der Rabatte auf den vorgesehenen Platz im Garten, indem Sie Holzpflöcke oder Bambusstäbe in 1 m großen Abständen setzen.

Falls die Rabatte auf einem Rasenstück Platz finden soll, das gut gepflegt und kaum verunkrautet ist, müssen nur die Rasensoden entfernt werden. Heben Sie diese mit einem Spaten an, und beschneiden Sie die Ränder sauber mit einer Sichel.

Obgleich zweimaliges Umgraben harte Arbeit ist, darf man sich diese Mühe bei Böden, die über mehrere Jahre nicht bearbeitet worden sind, auf keinen Fall ersparen. Das Umgraben belüftet den Boden, verbessert die Drainage und beseitigt die tief verwurzelten Unkräuter. Gehen Sie dabei folgendermaßen vor: Heben Sie zunächst Erde in einem Streifen von 60 cm Breite und einer Spatentiefe an einem Beetende aus (1). Transportieren Sie die Erde zum anderen Ende des Beetes, und werfen Sie sie dort auf ein Stück Sacktuch oder Plastik. Lockern Sie dann die Erde am Boden der gegrabenen Furche auf, und harken Sie gut verrotteten Stallmist, guten Kompost und die Rasensoden vom nächsten Streifen unter (2). Graben Sie den angrenzenden Streifen aus, und füllen Sie die erste Furche mit der von der zweiten Furche genommenen Erde (3). Arbeiten Sie die Erde der neuen Furche mit der Grabgabel durch (4), und fahren Sie in dieser Weise bis zum Ende des Beetes fort, wo Sie die letzte Furche mit der vom ersten Streifen entfernten Erde auffüllen. Zerkrümeln Sie zum Schluß alle großen Erdklumpen. Bestreuen Sie die Oberfläche mit Dünger – ungefähr zwei Handvoll pro Quadratmeter –, und harken Sie ein paar Zentimeter Erde darüber. Bevor Sie mit dem Bepflanzen beginnen, lassen Sie den Boden sich sechs Wochen lang setzen.

Am besten ist es, wenn der Boden im Herbst oder Winter für die Frühjahrspflanzung vorbereitet wird. Falls Sie ein Beet erneuern wollen, das zu dicht geworden ist, müssen Sie es gründlich säubern. Für die meisten Bereiche dürfte es genügen, das Unkraut, das an der Oberfläche wächst, zu jäten und die tiefwurzelnden Unkräuter mit einer Grabgabel zu lokkern und mit der Hand herauszuziehen. Queckengras ist besonders schwer zu entfernen. Spritzen Sie im Notfall ein Unkrautvernichtungsmittel – beachten Sie dabei die Gebrauchsanweisung. Verbrennen Sie die Unkräuter, oder werfen Sie sie auf einen Komposthaufen.

AUSWAHL UND ANORDNUNG DER PFLANZEN

Wenn Sie eine Pflanze in einem Gartencenter oder auf dem Markt kaufen, sollten Sie unbedingt auf die typischen Anzeichen achten, an denen sich eine ungesunde Pflanze erkennen läßt: welkende oder gelb werdende Blätter, Schädlingsbefall oder Krankheiten und dicke Wurzeln, die durch den Containerboden wachsen. In einem guten Gartencenter sollten die Pflanzen genau etikettiert sein und in feuchter, unkrautfreier Erde stehen – ein paar Algen sind dabei ein gutes Zeichen. Die Pflanze, die Sie kaufen, sollte einen kräftigen und gesunden Wuchs haben, ihre kleinen Wurzeln sollten seitlich aus dem Topf herauswachsen.

Wenn Sie sich Pflanzen von einer Spezialgärtnerei schicken lassen, können Sie zwar aus einem größeren Pflanzensortiment wählen, sind aber gezwungen, Pflanzen zu kaufen, die Sie vorher nicht gesehen haben. Denken Sie daran, die Pflanzen rechtzeitig zu bestellen.

Seien Sie vorsichtig mit Sonderangeboten. Pflanzen sind in der Regel das Geld wert, das Sie dafür bezahlen. Von einem schlechten Lebensstart erholen sie sich nur selten. Achten Sie bei geschenkten Pflanzen unbedingt darauf, daß sie nicht voller Erdholunder oder anderer lästiger Unkräuter sind.

DIE BEPFLANZUNG Entwerfen Sie eine Planskizze, in der Sie genau die unterschiedlichen Formen, Größen und Höhen der ausgewachsenen Pflanzen einzeichnen. Lassen Sie die Pflanzen nur für ein paar Stunden ungeschützt draußen liegen, da Wind und Sonne sie austrocknen und ihre Wurzeln schnell beschädigen können.

Wenn Sie den Boden gut vorbereitet haben, müssen Sie ihn nicht noch einmal düngen. Der Boden sollte sich feucht anfühlen, wenn er gedrückt wird, andernfalls muß er gewässert werden. Achten Sie darauf, daß Sie während des Pflanzens den Boden nicht zu sehr festtreten. Am besten pflanzen Sie von einem Holzbrett aus, das Sie über die Erde legen.

Auch die Pflanzen sollten vor dem Einpflanzen gründlich gewässert werden. Pflanzen, die einzeln in Plastikhüllen verpackt gekauft werden, müssen 2 bis 3 Stunden in einen Eimer Wasser gesetzt werden.

Graben Sie stets ein genügend großes Pflanzloch, damit Sie die Wurzeln beim Einpflanzen in alle Richtungen ausbreiten können. Das Pflanzloch muß auch so tief sein, daß die Wurzeln mindestens mit einer 2,5 cm dicken Erdschicht bedeckt sind. Bedecken Sie den Boden des Erdlochs mit einer 5 bis 10 cm dicken Torfschicht, und füllen Sie es mit einer guten Gartenerde auf. Lösen Sie die Pflanze aus dem Topf, indem Sie mit dem Griff Ihres Handspatens auf dessen Boden klopfen. (Falls Sie Pflanzen in weichen Plastiktöpfen kaufen, sollten Sie diese aufschneiden, um die Pflanzen nicht herausziehen zu müssen und auf diese Weise ihre Wurzeln zu beschädigen.) Setzen Sie die Pflanze in das Pflanzloch, und füllen Sie es mit frischer Gartenerde auf.

Behandeln Sie junge kleine Pflanzen ganz sorgfältig; ihre Wurzeln sind sehr empfindlich. Zum Einsetzen von Zwiebelgewächsen benutzen Sie am besten einen Zwiebelpflanzer oder einen Handspaten.

VERMEHRUNG

Keine Arbeit im Garten ist befriedigender als die Vermehrung eigener Pflanzen. Die Verfahrensweisen sind einfach, und die Vermehrung ist der preiswerteste und ertragreichste Weg, den eigenen Vorrat zu vergrößern und alte Pflanzen zu ersetzen.

PFLANZEN AUS SAMEN ZIEHEN

Falls Sie Samen im Haus oder im Gewächshaus einsäen wollen, füllen Sie eine Saatschale oder einen Topf mit einem besonderen Aussaatsubstrat. Drükken Sie das Substrat mit einem Holzbrettchen 1 cm unterhalb des Topf- oder Saatschalenrandes fest. Verteilen Sie die Samen gleichmäßig über die Oberfläche. Kleine Samenkörner können mit Sand vermischt werden, damit sie sich besser verteilen lassen, während größere Samenkörner einzeln ausgelegt werden können. Bedecken Sie die Samen mit einer dünnen Substratschicht. Begießen Sie die Samen mit einer Kanne mit ganz feinem Brausekopf, oder stellen Sie die Saatschale halbhoch in Wasser, damit sich das Substrat vollsaugen kann. Bedecken Sie die Schale mit einer Glasplatte, und beschatten Sie sie mit einem Stück Zeitung. Stellen Sie die Samen an einen warmen Ort, entweder in einen Vermehrungskasten, auf ein gut belüftetes Regal oder auf ein schattiges Fensterbrett. Die Temperatur sollte 12–18° C betragen.

In der Regel dauert es 5 Tage bis 3 Wochen, bis sich die ersten Keimblätter zeigen. Manche Samen brauchen zum Keimen ein Jahr. Achten Sie darauf, daß das Substrat nicht austrocknet.

Nach dem Keimen entfernen Sie die Abdeckung und stellen die Saatschale an einen hellen Ort, lassen sie aber nicht direkt von der Sonne bescheinen. Die Sämlinge sind in diesem Stadium empfindlich und für Krankheiten anfällig. Überwässern und zu dichtes Pflanzen kann zum Verwelken führen. Durch Wässern mit Orthozid läßt sich diese Gefahr zumindest reduzieren.

Pikieren Sie die Sämlinge, sobald zwischen den Keimblättern die ersten echten

Blätter erscheinen. Lockern Sie das Substrat ein wenig auf, heben Sie mehrere Sämlinge auf einmal zusammen mit der daran haftenden Erde mit einem Messer oder einem Pikierholz heraus, und teilen Sie sie dann mit den Händen, wobei Sie versuchen müssen, die Wurzelsysteme nicht zu beschädigen. Fassen Sie sie dabei immer an den Keimblättern und niemals an den Stielen an, da sie sehr empfindlich sind. Füllen Sie eine Saatschale mit Pikiererde, drücken Sie die Erde fest, bohren Sie mit einem Pikierholz Löcher im Abstand von ungefähr 5 cm, und setzen Sie die Sämlinge ein. Begießen Sie die Pflänzchen, und beschriften Sie die Saatschale.

Abhärtung der jungen Sämlinge Die jungen Sämlinge müssen allmählich abgehärtet werden, bevor man sie nach draußen pflanzt. Stellen Sie sie zunächst vier bis acht Wochen lang in einen Frühbeetkasten oder Folientunnel, den Sie tagsüber einige Stunden lang öffnen; setzen Sie sie aber nicht der vollen Sonne aus. Falls Sie keinen Frühbeetkasten besitzen, stellen Sie die Sämlinge statt dessen auf ein Fensterbrett, das nicht direkt von der Sonne beschienen wird. Gewöhnen Sie die Sämlinge allmählich an ungefiltertes Licht und die Luft im Freien.

Wenn die Sämlinge richtig abgehärtet sind und sich gut entwickelt haben, können sie an ihren endgültigen Standort im Garten gepflanzt werden. Falls es notwendig ist, muß dieser Moment so lange hinausgezögert werden, bis keine Frostgefahr mehr besteht. Der Boden sollte mehrere Tage vor dem Einpflanzen bearbeitet werden, indem man die großen Erdbrocken auseinanderbricht und fein zerkrümelt.

Freilandaussaat Die meisten winterharten einjährigen Pflanzen können im Freien in ein Saatbeet oder direkt an ihrem endgültigen Platz im Garten ausgesät werden. Es ist wichtig, den Boden gut vorzubereiten. Graben Sie den Pflanzbereich im Frühherbst vor den ersten Frösten um, und achten Sie darauf, daß er eben und gut belüftet ist; zerkrümeln Sie größere Erdklumpen mit einer Harke. Arbeiten Sie am besten organischen Dünger ein; Sie können aber auch Torf und gut abgelagerten Kompost untergraben oder mit Blättern mulchen. Im Frühjahr harken Sie kurz vor dem Einsäen einen Dünger unter und wässern bei trockenem Wetter die Saatfurchen, um das Auskeimen zu beschleunigen. Die Samen werden entweder in flache Furchen eingesät, die Sie mit Hilfe einer Ziehhacke anlegen, oder einfach ausgestreut und leicht in den Boden eingeharkt. Um gerade Pflanzreihen zu erzielen, spannen Sie als Richtlinie eine Schnur über das Beet. Säen Sie die Samenkörner dünn aus, und berücksichtigen Sie dabei die maximale Höhe und Breite der Pflanzen. Nach dem Einsäen harken Sie etwas Erde über die Saat. Anschließend drücken Sie den Boden etwas fest und etikettieren die einzelnen Saatreihen. Bei trockenem Wetter muß die frische Saat sofort nach dem Einsäen und noch einmal eine Woche später gewässert werden. Dünnen Sie die Sämlinge aus, wenn sie groß genug sind und sich leicht herausziehen lassen.

Stecklinge

Für diese Vermehrungsmethode schneidet man von einer ausgewachsenen Pflanze eine Triebspitze ab, aus der sich dann ein unabhängiges Wurzelsystem entwickeln soll. Es gibt unterschiedliche Stecklingstypen, je nachdem wie die Mutterpflanze beschaffen ist und wann die Stecklinge geschnitten werden.

Weichholzstecklinge Die Stecklinge werden normalerweise im Frühling oder Frühsommer von den unreifen weichen Spitzen der Triebe abgenommen, die sich während der Wachstumsperiode am alten Holz entwickelt haben.

Mit einem scharfen Messer trennen Sie das obere Ende eines gesunden Triebs mit vier oder fünf Blattpaaren knapp unter dem ersten Blattpaar ab (1). Der Schnitt muß glatt und schräg sein. Entfernen Sie dann das erste und zweite Blattpaar, ohne die Rinde zu verletzen. Zur Förderung der Wurzelbildung können Sie das Stecklingsende in ein Wachstumshormon tauchen. Das ist aber nicht unbedingt notwendig. Füllen Sie nun einen Topf knapp bis unter den Rand mit einem Torf-Sand-Gemisch zu gleichen Teilen. Stecken Sie die Stecklinge mit einem Pikierholz so weit hinein, daß gerade noch ihre untersten Blätter herausschauen. Achten Sie

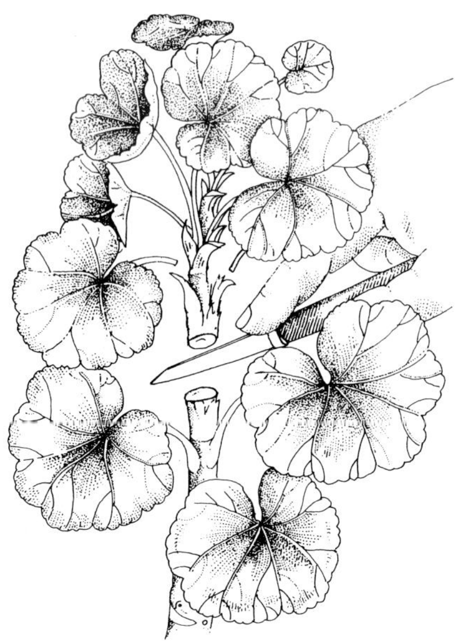

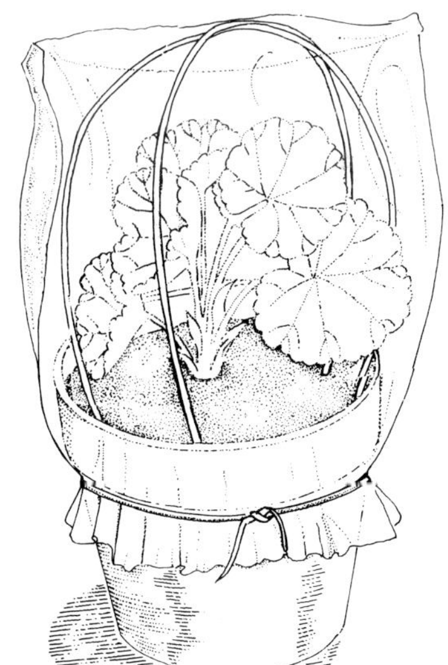

Weichholzstecklinge

Wählen Sie einen gesunden Trieb aus, und schneiden Sie ihn direkt unterhalb eines Blattansatzes ab. Entfernen Sie die Blätter vom unteren Drittel des Stecklings. Mit einem Pikierholz stecken Sie den Steckling bis zu einem Drittel seiner Länge in ein Torf-Sand-Gemisch. Bedecken Sie den Topf mit einer Plastikfolie, die von einem Gestell gehalten und an der Öffnung mit einem Bindfaden zusammengebunden wird.

darauf, daß die Stecklinge festsitzen und alle genügend Platz haben. Bedecken Sie den Topf mit einer Plastikhaube, die Sie wie ein Zelt über ein Gestell aus gebogenem Draht stülpen (3). Stellen Sie den Topf an einen warmen, schattigen Ort, aber niemals in die Sonne, damit nicht zuviel Feuchtigkeit verdunstet. Gewöhnen Sie die Stecklinge im Laufe ihres Wachstums allmählich an mehr Luft und Licht, und wässern Sie sie regelmäßig. Der Boden muß immer feucht, aber nicht naß sein. Die Stecklinge können in andere Töpfe umgepflanzt oder ausgepflanzt werden, sobald sie Wurzeln gebildet haben.

SOMMERSTECKLINGE VOM HALBREIFEN HOLZ Manche Bäume und Sträucher lassen sich kaum durch Hartholzstecklinge vermehren, wurzeln aber gut, wenn man die Stecklinge vom halbreifen Holz schneidet. Zu diesen Sträuchern gehören unter anderem Heidekraut, Rosmarin, Fuchsien und viele Koniferen.

Zwischen Mitte Juli und Ende August schneiden Sie einen 15 bis 20 cm langen Seitentrieb vom diesjährigen Holz nahe am Haupttrieb ab. Entfernen Sie die unteren Blätter, und schneiden Sie den Stiel unmittelbar darunter ab. Die weiche Spitze schneiden Sie oberhalb eines Blattes so weit zurück, daß der Steckling 5 bis 10 cm lang ist.

Dann verfahren Sie nach der gleichen Methode, wie ich sie anhand der Weichholzstecklinge beschrieben habe. In 2 bis 3 Wochen sollten die Stecklinge Wurzeln treiben. Auch sie müssen allmählich abgehärtet werden. Im Winter benötigen sie einen Frostschutz. Am besten eignet sich ein Kalthaus. Dort können die jungen Pflanzen unbeschadet überwintern, um dann im späten Frühjahr des kommenden Jahres ausgepflanzt zu werden. Werfen Sie alle Stecklinge fort, die keine Wurzeln gebildet haben.

HARTHOLZSTECKLINGE Wählen Sie Zweige, die holzig, aber nicht zu stark verholzt sind. Die Stecklinge werden normalerweise in der Zeit vom Spätsommer bis zur Herbstmitte abgenommen. Schneiden Sie den Trieb mit einer Baumschere am unteren Ende nahe der Austriebsstelle ab (1), und kürzen Sie ihn dann von der Spitze her auf eine Länge von 25 bis 30 cm ein. Schneiden Sie die Stecklinge am unteren Ende unmittelbar unterhalb eines Auges und am oberen Ende knapp oberhalb eines Auges sauber ab. Aus langen Trieben können Sie zwei oder mehr Stecklinge machen. Bei immergrünen Sträuchern schneiden Sie den Steckling jeweils unterhalb und oberhalb eines Blattes ab und entfernen alle Blätter der unteren Hälfte.

Pflanzen Sie sie nach draußen an einen geschützten Ort in einen schmalen, mit Sand ausgelegten Graben. Setzen Sie die

1

2

STECKLINGE VOM HALBREIFEN HOLZ

Schneiden Sie einen ungefähr 15 cm langen Seitentrieb vom halbreifen Holz (1). Entfernen Sie mit einem scharfen Messer die unteren Blätter und die weiche Spitze (2).

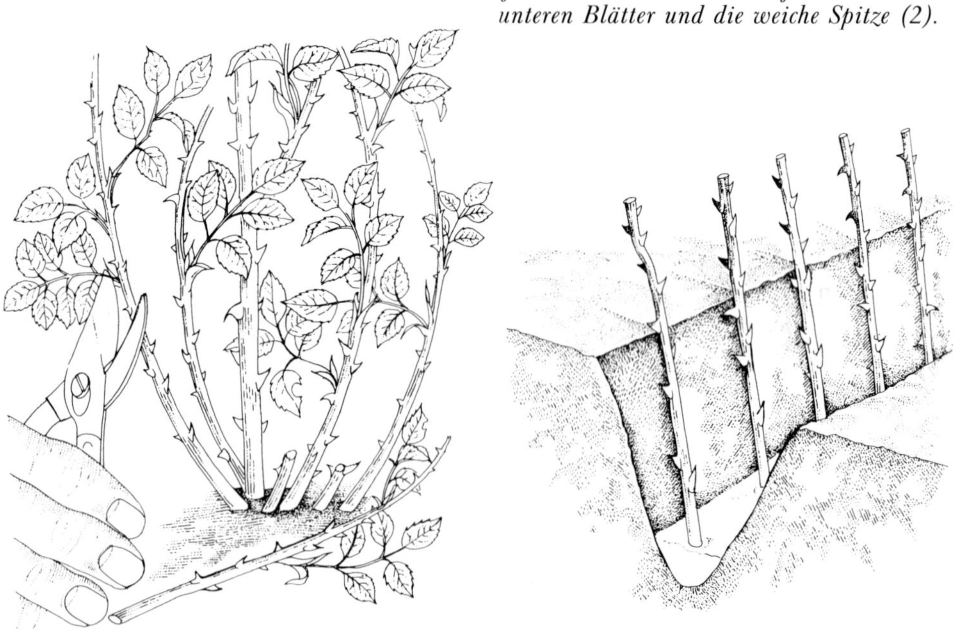

HARTHOLZSTECKLINGE

Schneiden Sie die Triebe ungefähr 15 cm über dem Boden ab. Kürzen Sie die Stecklinge auf eine Länge von 30 cm. Pflanzen Sie sie nach draußen 20 cm tief in einen mit Sand ausgelegten Graben.

Stecklinge im Abstand von 7 bis 10 cm so ein, daß sie zu zwei Dritteln im Boden stecken (3). Schütten Sie den Graben wieder mit Erde zu, und treten Sie sie kräftig fest.

Bei trockenem Wetter müssen Sie den Stecklingen Wasser geben und sie hin und wieder von Unkraut befreien. Ansonsten bedürfen sie keiner Pflege. Lassen Sie sie zwölf bis achtzehn Monate ungestört an ihrem Ort, damit sie Wurzeln bilden können. Danach setzen Sie Ihre neuen Pflanzen behutsam an ihren endgültigen Standort oder in ein Zuchtbeet.

RISSLINGE MIT WURZELN Hier handelt es sich eigentlich nicht um Stecklinge, sondern um eine Art Teilung. Diese Methode wird bei Pflanzen wie Veilchen, winterharten Fuchsien, frühblühenden Chrysanthemen, Glockenblumen und anderen krautartigen Pflanzen angewendet. Auch Zimmerpflanzen wie Sanseverien lassen sich auf diese Art erfolgreich vermehren. Lösen Sie einzelne Stiele mit ausreichend großen unabhängigen Wurzelsystemen von der Mutterpflanze ab, und pflanzen Sie sie im Frühling bis zum Frühherbst aus.

RISSLINGE

Lockern Sie den Boden rings um die Pflanze mit einer Grabgabel, um die Wurzeln nicht zu beschädigen. Lösen Sie einzelne Stiele heraus, und achten Sie darauf, daß ihre Wurzelsysteme groß genug sind, damit sich die Pflänzchen alleine halten und gut gedeihen können.

TEILUNG

Pflanzen mit einem Wurzelstock, aus dem eine Menge Triebe am Boden hervorsprießen, lassen sich am besten durch Teilung vermehren. Stauden mit Faserwurzeln wie Indianernessel und Sonnenbraut können auf einfache Weise im Frühjahr und Herbst ausgegraben und geteilt werden. Um die Pflanzen leichter teilen zu können, kürzen Sie ihre Stengel und schütteln möglichst viel Erde ab (1). Brechen Sie Teilpflanzen mit den Fingern vom Wurzelstock, und schneiden Sie Pflanzen mit harten holzigen Stengeln mit dem Messer durch, so daß jede Teilpflanze Wurzeln und Triebe aufweist. Um große feste Wurzelballen zu teilen, stecken Sie zwei Grabgabeln, Rücken an Rükken, in die Mitte der Pflanze und teilen den Ballen durch die Hebelwirkung der beiden Gabelstiele (2). Teilen Sie den Wurzelballen in mehrere Stücke mit mindestens je sechs Stengeln. Schneiden Sie alle holzigen Triebe und abgestorbenen Wurzeln ab, und pflanzen Sie sie neu ein.

TEILUNG

Teilen Sie eine gut entwickelte Pflanze, indem Sie die umgebende Erde lockern und die Wurzeln freilegen. Stecken Sie zwei Grabgabeln, Rücken an Rücken, in die Mitte der Pflanze, und teilen Sie den Wurzelstock durch die Hebelwirkung. Durch Teilung vermehren Sie nicht nur Ihren Pflanzenvorrat, sondern verlängern auch das Leben alter, zu groß gewordener Pflanzen.

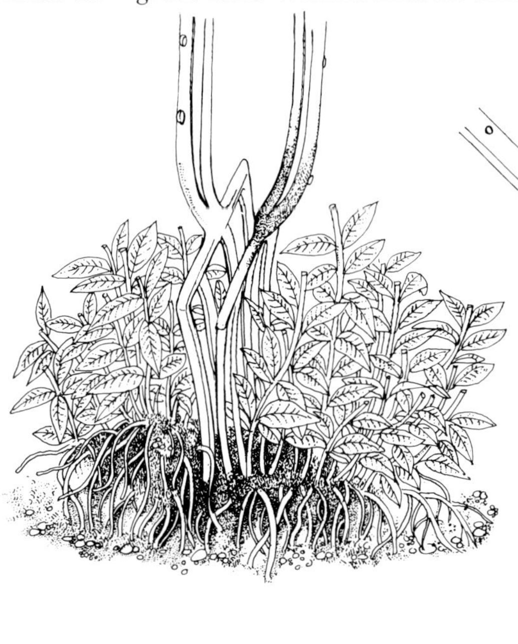

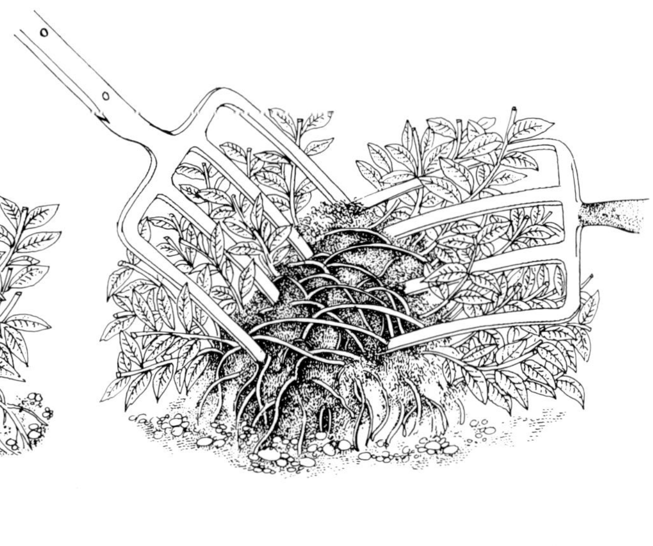

BESCHNEIDEN VON STRÄUCHERN UND KLETTERPFLANZEN

Damit sich Ihre Sträucher zu voller Schönheit entwickeln können, müssen Sie sich zumindest mit den Grundlagen des Beschneidens vertraut machen. Lassen Sie sich nicht davon abschrecken, was Ihnen auf den ersten Blick wie ein kompliziertes technisches Verfahren erscheint – im großen und ganzen müssen Sie nur Ihren gesunden Menschenverstand gebrauchen, wenn Sie erst einmal beobachtet haben, wie Ihre Sträucher wachsen und blühen. Immergrüne Bäume und Sträucher müssen kaum beschnitten werden; hin und wieder sollten abgestorbene, und kranke Äste entfernt werden.

Für den Schnitt benötigen Sie eine Baumschere, eine Baumsäge, eine Gartenschere und ein scharfes Messer zum Glätten von Schnittwunden. Ihr Werkzeug sollte immer scharf geschliffen sein. Schneiden Sie die Zweige immer oberhalb einer nach außen gerichteten Knospe oder einer Triebansatzstelle zurück. Der Schnitt muß immer schräg und parallel zum Winkel der Knospe oder des Triebansatzes und nicht zu nah an der Knospe ausgeführt werden, da sie sonst beschädigt werden könnte; er darf aber auch nicht zu weit von ihr entfernt erfolgen, da der Ast sonst absterben könnte.

Der Schnitt eines Strauchs richtet sich danach, in welcher Jahreszeit und ob er am vorjährigen oder einjährigen Holz blüht. Diejenigen Sträucher, die am neuen Holz blühen, entfalten ihre Blüten erst später im Jahr; diejenigen, die am alten Holz blühen, bringen ihre Blüten schon vor der Bildung des neuen Holzes hervor.

NEUES HOLZ Sträucher, die am einjährigen Holz blühen, also normalerweise nach dem Hochsommer, wie der Schmetterlingsstrauch *Buddleia davidii,* winterharte Fuchsien, herbstblühende Clematis und Teehybriden (Edelrosen), können im Frühjahr kräftig zurückgeschnitten werden, bevor sich neue Triebe bilden. Schneiden Sie alle vorjährigen Triebe bis auf etwa zwei bis drei Augen über der Basis jedes Triebs zurück. Ein noch stärkerer Rückschnitt kann die Pflanze beschädigen. Entfernen Sie außerdem alle schwachen, beschädigten oder zu dicht stehenden Triebe.

ALTES HOLZ Sträucher, die im Frühsommer blühen – zum Beispiel Forsythie, Sommerjasmin, Weigelie und Deutzie – können sofort nach der Blüte zurückgeschnitten werden. Entfernen Sie alles abgestorbene, beschädigte und schwache Holz, und schneiden Sie die abgeblühten Zweige bis an einen tieferen jungen Austrieb am Hauptstamm zurück, um sie zu neuem Wachstum anzuregen. Darüber hinaus schneiden Sie das mehr als fünf Jahre alte Holz, das immer weniger produktiv wird, bis auf den Boden zurück.

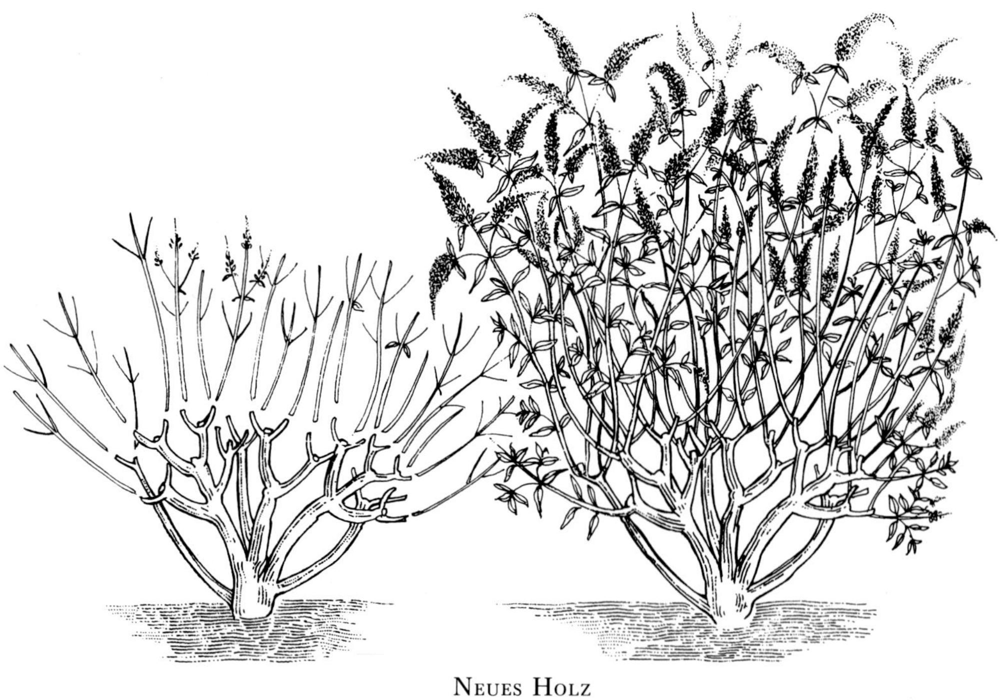

NEUES HOLZ

Schneiden Sie Sträucher, die am einjährigen Holz blühen, im Frühjahr zurück, damit sie im Hoch- bis Spätsommer eine reiche Blüte bescheren.

ALTES HOLZ

Schneiden Sie Sträucher, die im Frühsommer blühen, sofort nach der Blüte zurück.

ROSEN Alte Rosenarten und alte Strauchrosen müssen kaum beschnitten werden. Sie werden nur hin und wieder etwas ausgelichtet und in Form gehalten. Teehybriden schneiden Sie zu Beginn des Frühlings oberhalb einer nach außen gerichteten Knospe zurück und lassen nur 20 bis 30 cm lange Triebe stehen. Floribundarosen müssen nicht so kräftig beschnitten werden. Man sollte aber jedes Jahr alles tote Holz ausschneiden.

KLETTERPFLANZEN Kletterpflanzen müssen früh beschnitten werden. Wie dies zu geschehen hat, hängt davon ab, ob die Pflanze am neuen oder alten Holz blüht und ob Sie möchten, daß sie formal streng an der Mauer entlangwächst oder sich frei und ganz natürlich entfalten soll.

CLEMATIS Clematis lassen sich in drei Hauptgruppen unterteilen, von der jede etwas anders behandelt werden muß. Hierzu zwei nützliche Tips: Befestigen Sie das Namensetikett an der Kletterstütze und nicht an der Clematis selbst, da Sie es vielleicht aus Versehen mit abschneiden könnten, und schreiben Sie auf die Rückseite des Etiketts ›nicht schneiden‹, ›kräftig schneiden‹ oder ›leicht schneiden‹.

NICHT SCHNEIDEN Dies gilt für alle frühblühenden Clematissorten wie Alpina-, Macropetala- und Montana-Sorten und *C. armandii*.

KRÄFTIG SCHNEIDEN Dies gilt für spätblühende Varietäten, die am einjährigen Holz blühen wie die *Jackmanii*-und *Viticella*-Sorten, *C. texensis, C. orientalis* und *C. tangutica*. Schneiden Sie die Triebe im Spätwinter oberhalb kräftiger Knospen auf eine Länge von 30 bis 90 cm über dem Boden zurück. Wenn Sie sie nicht weit genug zurückschneiden, setzen sie ihre Blüte zu weit oben an.

LEICHT SCHNEIDEN Dies gilt für die im Frühsommer blühenden großblütigen Arten wie ›Nelly Moser‹, ›Lasurstern‹, ›The President‹ und ›Marie Boisselot‹. Sie blühen alle am neuen Holz und an Zweigen, die sie im Vorjahr gebildet haben. Entfernen Sie im Spätwinter die schwachen Triebe und etwas altes Holz, aber lassen Sie genug stehen, damit sich im Frühsommer eine reiche Blütenpracht am vorjährigen Holz entfalten kann und die Pflanze vom Hoch- bis zum Spätsommer noch ein zweites Mal blühen kann.

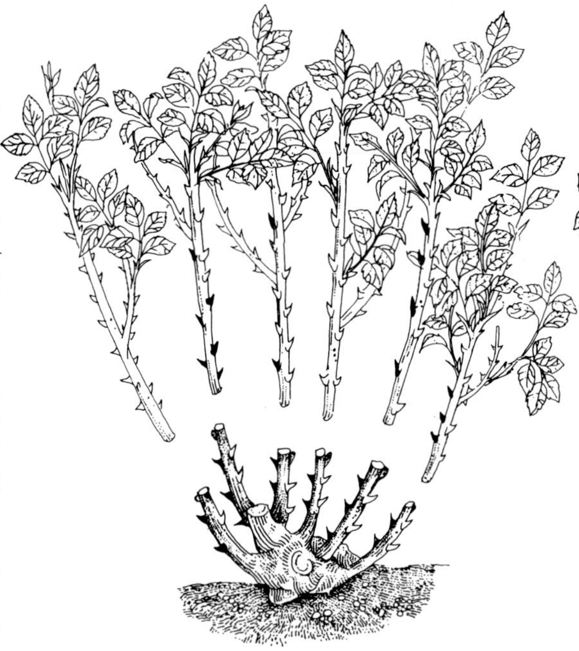

BESCHNEIDEN VON TEEROSEN

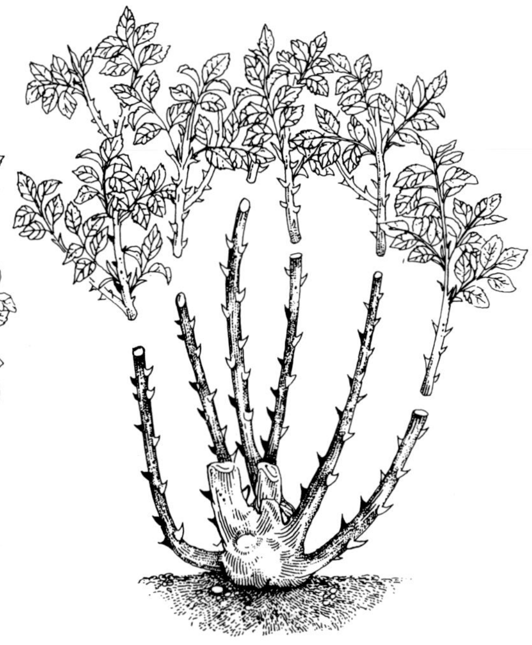

BESCHNEIDEN VON FLORIBUNDAROSEN

CLEMATIS: KRÄFTIGER SCHNITT

Einen starken Rückschnitt im Spätwinter lohnt uns die Clematis mit einem reichen Blütenflor im folgenden Sommer und Herbst.

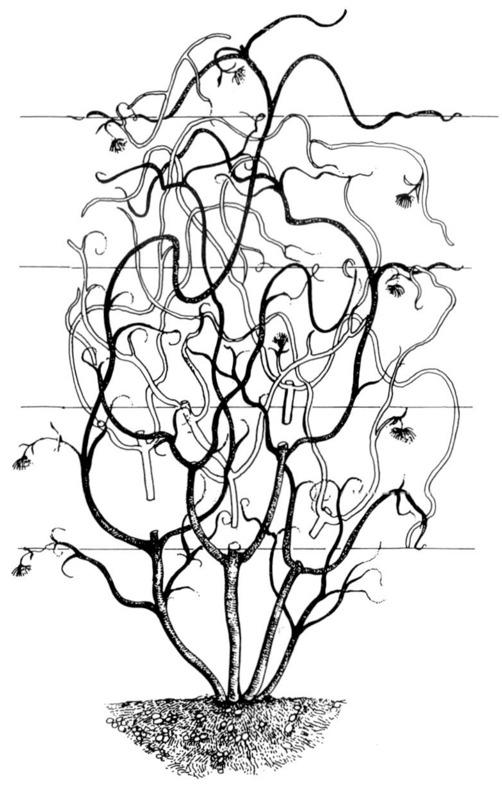

CLEMATIS: LEICHTER SCHNITT

Entfernen Sie alle schwachen Triebe und lassen Sie beim Schnitt genügend altes Holz stehen.

INSTANDHALTUNG DER RABATTE

Versuchen Sie, die notwendigen Arbeiten im Garten im Laufe des Jahres pünktlich und ordentlich zu erledigen. Lassen Sie die Arbeiten nicht anstehen, und warten Sie nicht, bis sie zu einem großen, zeitaufwendigen Problem geworden sind.

Entfernen Sie das Unkraut, solange es noch klein ist, noch keine tiefen Wurzelsysteme bilden und sich auf keinen Fall aussäen konnte. Beachten Sie genau jedes Krankheitsanzeichen, und handeln Sie, falls notwendig, sofort. Behandeln Sie Ihre Pflanzen frühzeitig mit Fungiziden und Pestiziden. Wässern Sie in Trockenperioden kräftig den Boden, bevor er vollständig ausgetrocknet ist. Geben Sie den Pflanzen die Möglichkeit, sich mit Wasser vollzusaugen. Es ist absolut sinnlos, nur die Bodenoberfläche mit Wasser zu besprenkeln. Das führt nur dazu, daß die Pflanzen ihre Wurzeln an die Erdoberfläche drücken.

Krautartige Pflanzen setzen im Laufe der Jahre in der Mitte ihres Wurzelballens immer weniger Wachstumsknospen an und müssen deswegen ausgegraben, geteilt und umgepflanzt werden. Teilen Sie den Wurzelballen im Herbst oder im Frühjahr, wenn der Boden sehr schwer ist. Werfen Sie die Mitte des Ballens fort und setzen Sie die neuen Pflanzen so tief in die Erde wie die alten. Nicht alle Pflanzen vertragen diese Behandlung. Vergewissern Sie sich also, welche Ihrer Rabattenpflanzen Sie auf diese Weise teilen und umpflanzen können.

Schneiden Sie die Pflanzen rechtzeitig zurück und entfernen wuchernde Zweige oder Blütenstiele. Werfen Sie das abgeschnittene Pflanzenmaterial nicht sofort auf den Kompost oder ins Feuer – vielleicht können Sie es noch in einem Blumenarrangement verwenden. Nehmen Sie es mit ins Haus zum Trocknen, und schmücken Sie damit Ihre Räume in den kargen Wintermonaten.

MULCHEN

Mulchen ist wahrscheinlich eine der am wenigsten geachteten und praktizierten Arbeiten im Garten. Diese Art der Bodenverbesserung ist aber ausgesprochen wichtig und lohnend. Mulchen heißt, daß man eine Schicht Blätterhumus, gut verrotteten Stallmist, Pilzkompost, Torf oder gehäkselte Rinde rings um den Fuß von Sträuchern und winterharten Stauden verteilt. Eine Mulchschicht isoliert den Boden an kalten Tagen im Frühjahr, hält ihn bei heißem Wetter kühl und reduziert die Verdunstung in Trockenperioden. Sie hält das Unkraut im Zaum. Manches organische Material wie Torf und Rinde fügt dem Boden zwar keine Nährstoffe zu, sorgt aber für gute Bodenverhältnisse. Sie sollten in diesem Fall einen Dünger, der auf die Bodenverhältnisse zugeschnitten ist, dazugeben.

Mulchen Sie den Boden, wenn er feucht, aber nicht von Wasser durchtränkt ist. Bereiten Sie den Boden vor, indem Sie alles Unkraut und verrottetes Pflanzenmaterial entfernen; wässern Sie ihn, falls er trocken ist, und düngen Sie ihn, wie es im Frühjahr üblich ist.

Verteilen Sie eine 5 bis 7,5 cm dicke Mulchschicht rings um den Fuß der Pflanzen. Achten Sie aber darauf, daß die Mulchschicht nicht direkt den Fuß der Pflanzen berührt, da sie sonst faulen könnten. Falls im Herbst noch Mulchreste am Fuß der Pflanzen liegen, sollten Sie sie mit einer Harke in den Boden einarbeiten. Dadurch verbessern Sie die Qualität des Bodens.

MULCHEN

Mit einer Mulchschicht können Sie die Beschaffenheit eines Strauches (rechts) oder einer krautartigen Pflanze (ganz rechts) verbessern. Im Frühjahr verteilen Sie mit einer Grabgabel organischen Dünger rings um den Fuß der Pflanze. Achten Sie dabei darauf, daß die Mulchschicht den Fuß der Pflanze nicht direkt berührt, damit er nicht zu faulen beginnt.

DÜNGEN

Organische und mineralische Dünger geben den Pflanzen zu Beginn der Saison eine Starthilfe für ein gesundes und kräftiges Wachstum. Unterschiedliche Dünger bringen immer unterschiedliche Ergebnisse. Deshalb sollten Sie entweder einen Volldünger oder einen Dünger verwenden, der speziell auf die Bedürfnisse Ihres Bodens und Ihrer Pflanzen zugeschnitten ist. Die Aufgabe eines Düngers besteht darin, die lebensnotwendigen Nährstoffe zu ersetzen, die im Boden fehlen oder durch Wässern und Regen ständig ausgewaschen werden.

Stickstoff, Phosphor und Kalium sind die wichtigsten Nährstoffe, während andere Nährstoffe wie Kalzium, Magnesium und Schwefel in kleineren Mengen im Boden vorhanden sind. Stickstoff sorgt für ein schnelles Wachstum und üppige grüne Blätter. Phosphor sorgt für eine allgemein gute Blüten- und Fruchtausbildung, fördert aber vor allem die Entwicklung kräftiger Wurzeln und gesunder

Sämlinge. Kalium endlich besitzt die Eigenschaft, für einen reichen Blütenflor, kräftige Farben der Blüten und Früchte zu sorgen und außerdem die allgemeine Widerstandskraft der Pflanzen gegen Schädlinge und Krankheiten zu verbessern. Im Frühling düngen Sie am besten mit einem guten Volldünger, der die drei lebenswichtigen Nährstoffe Stickstoff, Phosphor und Kalium enthält. Er läßt sich leicht anwenden und befriedigt im großen und ganzen die Bedürfnisse Ihrer Pflanzen. Vergewissern Sie sich aber auch, ob Ihre Pflanzen tatsächlich gedüngt werden müssen. Manche sind vielleicht mit einem ungedüngten Boden ganz zufrieden. Ein organischer Langzeitdünger wie Knochenmehl, der im Frühling aufgebracht wird, ist ein nützlicher und leicht erhältlicher Lieferant von Phosphor, der ausgezeichnet für Stauden geeignet ist. Im Sommer verwenden Sie am besten einen flüssigen Dünger, der die Nährstoffe schnell freigibt. Wählen Sie einen mit einem hohen Kaliumgehalt, damit ihre Pflanzen kräftig werden und schöne Farben bekommen.

Abstützen

Hohe krautartige Pflanzen, die sich unter dem Gewicht ihrer Blüten zu Boden neigen und abzuknicken oder umzufallen drohen, müssen abgestützt werden. Stekken Sie im Frühjahr Stützen in den Boden rings um die Pflanzen, solange sie noch klein sind. Beginnen Sie nicht erst mit dem Abstützen, wenn die Pflanzen schon umgefallen sind – der Schaden ist dann nicht mehr zu beheben. Binden Sie die Pflanzen nicht zu fest zusammen, da sie sonst in ihrem Wachstum eingeschränkt werden.

Drahtrahmen oder Rohrstöcke sind am kräftigsten. Sie eignen sich am besten für Pflanzen, die höher als 1,50 m werden. Eine einfache und preiswertere Methode ist es, Pflanzen mit etwas kürzerem Stiel mit Bambusstöcken und Bindfaden zu stützen. Dieses Verfahren eignet sich für Pflanzen, die 60 bis 120 cm hoch werden. Niedrigere, buschige, krautartige Pflanzen, die 60 cm hoch werden und schwere Blütenköpfe tragen, können mit Reisig abgestützt werden.

Rohrstöcke und Bindfaden

Sie geben hohen Pflanzen wie Lupinen oder Malven kräftigen Halt. Stecken Sie die Stöcke im Frühjahr in den Boden, und verbinden Sie sie mit einer Schnur.

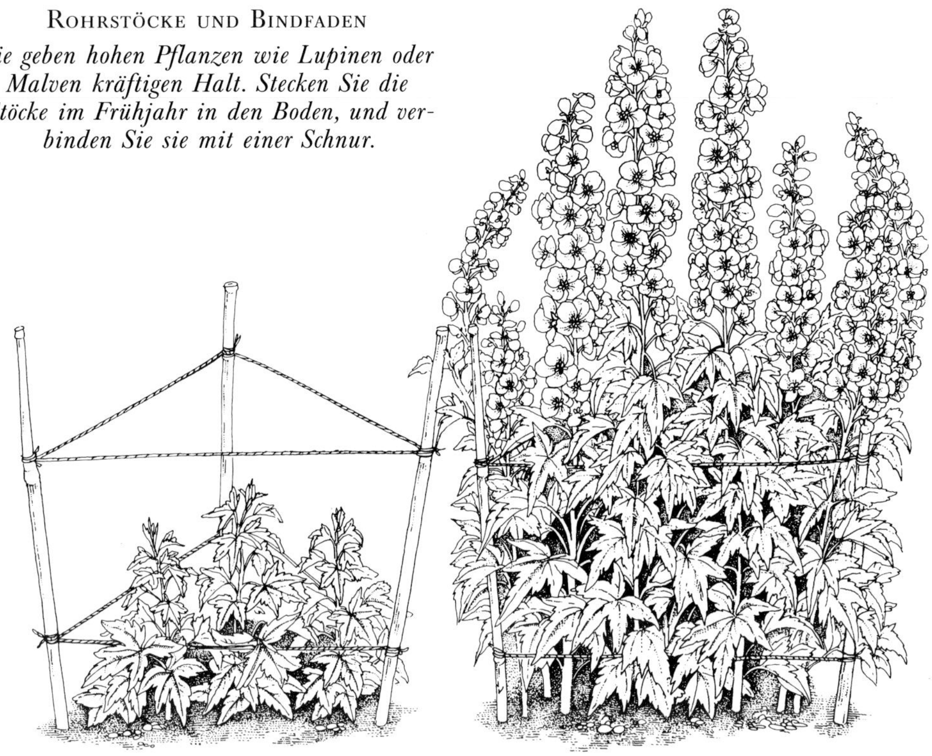

Reisig

Mit Reisig können Sie niedrige krautartige Pflanzen abstützen, deren Stengel sich sonst unter der Last der schweren Blütenköpfe zu Boden neigen oder gar abbrechen würden.

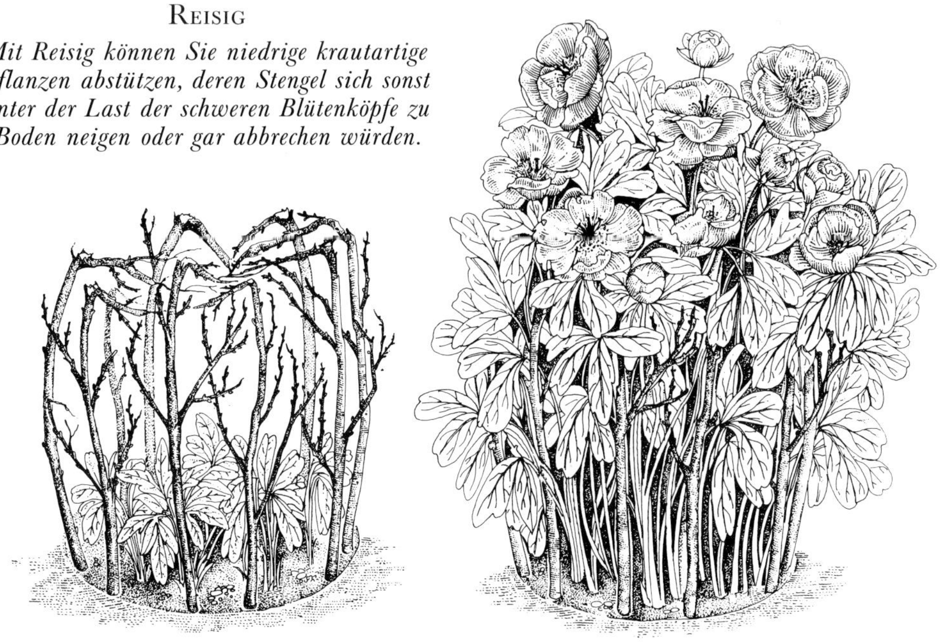

ARRANGIEREN FRISCHER BLUMEN

Die ideale Zeit zum Blumenschneiden ist früh am Morgen, bevor zuviel von der Feuchtigkeit der Nacht verdunstet ist, oder am frühen Abend, wenn die Pflanzen genügend Nährstoffe aufgenommen haben. Während des Tages geschnittene Blumen müssen sofort an einem kühlen Ort ins Wasser gestellt und mehrere Stunden darin gelassen werden, damit sie sich vollsaugen können.

Schneiden Sie Pfingstrosen, Iris, Tulpen, Lilien und Gladiolen, wenn sie gerade ihre Knospen öffnen und etwas Farbe zeigen. Die Knospen können sich dann in der Vase ganz natürlich entfalten. Schneiden Sie Rosen nicht zu frühzeitig ab, d.h. wenn ihre Knospen noch ganz geschlossen sind. Es könnte sein, daß sie sich in der Vase nicht öffnen. Auch sollten Sie die Blumen niemals dann schneiden, wenn sie voll erblüht sind, da sie sich höchstens ein oder zwei weitere Tage halten. Verzichten Sie auf alle Blüten mit schwachen Stielen oder fleckigen Blättern oder Blütenblättern. Frühlingsblühende Zwiebelgewächse sollten am grünen Teil des Stieles abgeschnitten werden. Der weiße Stielansatz nimmt nur schlecht Wasser auf. Zum Schneiden brauchen Sie eine Baumschere und ein scharfes Messer. Ideal ist es, wenn Sie einen halbgefüllten Wassereimer mit in den Garten nehmen, in den Sie die abgeschnittenen Blumen hineinstellen können.

VORBEREITUNG DER BLUMEN

Wenn ein Blütenstiel abgeschnitten wird, werden die Zellen, die das Wasser aufnehmen sollen, zerdrückt. Ein frisch geschnittener Stiel knickt rasch ein, und Luftblasen können den Durchfluß unterbrechen.

Es gibt verschiedene Methoden, die Blütenstengel saugfähig zu halten. Welche angewendet wird, hängt von der Natur der Stiele ab. Auf jeden Fall müssen die Stiele aber noch einmal neu angeschnitten werden. Mit einem scharfen Messer schneiden Sie ein ungefähr 5 cm langes Stück mit einem Schrägschnitt unter Wasser an den Stielenden ab. Auf diese Weise können die Stiele sofort frisches Wasser saugen. Entfernen Sie alle Blätter, die im Wasser stehen würden. Sie verfaulen sonst und lassen Bakterien entstehen.

Stecken Sie die Stiele bis zum Hals in frisches kaltes – aber nicht zu kaltes – Wasser. Lassen Sie sie an einem kühlen Ort im Wasser stehen, damit sie sich vollsaugen können. Für junges frisches Grün genügen normalerweise zwei Stunden, ältere holzige Stiele brauchen mehr Zeit. Graulaubige Pflanzen dürfen nicht so tief ins Wasser gestellt werden, da sie sonst ihren Farbton verlieren.

HOLZIGE STIELE Entfernen Sie vom unteren Stielende cirka 5 cm Rinde und alle Dornen. Spalten Sie die Enden in vertikaler Richtung, und tauchen Sie die Stielenden 30 Sekunden lang in kochendes Wasser. Schützen Sie die Blütenköpfe vor dem aufsteigenden Dampf, indem Sie sie in Plastik oder Zeitungen einwickeln. Stecken Sie sie danach sofort bis zum Hals in kaltes Wasser. Kamelien, Rhododendron, Flieder, Chrysanthemen, Hortensien und Rosen müssen nach dieser Methode behandelt werden.

HOHLE STIELE Schneiden Sie die Stiele gerade und nicht schräg ab. Halten Sie die Stielenden nach oben, und füllen Sie sie mit einer Zimmergießkanne mit Wasser. Verschließen Sie das Stielende mit einem feuchten Wattepfropfen. Diese Art der Behandlung verlängert das Leben von Lupinen, Amaryllis und Rittersporn.

BLUTENDE STIELE Manche Pflanzenstiele sondern einen milchigen Saft ab, der die Wasseraufnahme blockiert. Damit die Flüssigkeit nicht gerinnen kann, müssen die abgeschnittenen Stielenden ganz kurz über einer Flamme abgesengt und danach direkt in kaltes Wasser gestellt werden. Auf diese Weise schließen sich ihre Poren, aus denen der milchige Saft tritt. Mohn, Wolfsmilchgewächse und Zinnien sollten nach dieser Methode behandelt werden. Frühlingsblühende Zwiebelpflanzen müssen über Nacht tief ins Wasser gestellt werden, damit ihr Saft abfließen kann.

LAUB Entfernen Sie alle Blätter am unteren Teil der Stiele, spalten Sie die Stielenden – oder zerdrücken Sie sie, wenn sie sehr dick und zäh sind – und legen Sie sie mehrere Stunden lang ins Wasser.

ARBEITSMATERIAL FÜR BLUMENARRANGEMENTS

STECKSCHAUM Blöcke und zugeschnittene Formen aus Steckschaum, in die die Blütenstiele in den verschiedensten Richtungen und Winkeln gesteckt werden können, sind bei den meisten Blumenhändlern (oder in Läden für Floristenzubehör) erhältlich. Schneiden Sie sich mit einem scharfen Messer passende Schaumblöcke für Ihr jeweiliges Gefäß zu. Der Steckschaum sollte ein wenig über den Rand reichen.

Bedecken Sie den Schaum mit Wasser und lassen ihn sich vollsaugen, bis keine Blasen mehr aufsteigen. Das dauert gewöhnlich 15 Minuten und hängt von der Qualität der Steckmasse ab. Wenn sich der Schaum vollgesaugt hat, darf er nicht mehr austrocknen. Die Struktur des Schaums verändert sich sonst und wird krümelig und unzuverlässig.

Drücken Sie die Stiele 2,5 cm tief in die Schaummasse. Bohren Sie für weiche oder empfindliche Stiele vorher mit einer Ahle oder einem anderen Werkzeug Löcher. Für mittelgroße oder große Arrangements wickeln Sie am besten Hühnerdraht um den Schaum und passen ihn genau in das Gefäß ein, um den Pflanzen noch mehr Halt zu geben.

HÜHNERDRAHT Hühnerdraht eignet sich besonders gut für Arrangements mit Frühlingsblumen und schwereren Stielen und Zweigen. Verwenden Sie ihn in Vasen mit ziemlich großer Öffnung. Kaufen Sie Hühnerdraht mit 5 cm großen Maschen. Er eignet sich für die meisten Arrangements am besten. Er kann als Knäuel auf den Boden eines Gefäßes gelegt und an den Rändern mit Floristendraht oder Bindfaden befestigt werden oder über die Gefäßöffnung gelegt und mit Floristenklebeband oder Isolierband festgeklebt werden. Er sollte nach dem Gebrauch immer sorgfältig gereinigt und abgetrocknet werden.

BLUMENIGEL Igel aus Metall sind kleine, runde Platten, die in regelmäßigen Abständen mit galvanisierten senkrechten Nadeln bedeckt sind, auf die man die Pflanzenstiele stecken kann. Sie sind relativ teuer, aber ein Igel von 7,5 cm Durchmesser sollte eigentlich für die verschiedensten Gestecke ausreichen und hält außerdem ewig. Steckigel aus Plastik sind für schwerere Arrangements nicht geeignet. Es gibt solche mit dicht beieinanderstehenden Nägeln, die sich besonders gut für zarte und dünnstielige Blumen eignen, und Igel, bei denen die Nägel weiter auseinanderstehen, die man für dickere, holzige Stiele verwendet. Damit der Blumenigel einen festeren Stand bekommt, können Sie ihn mit Plastilin oder Floristenton am Gefäßboden festkleben.

BAUMSCHEREN UND FLORISTENSCHEREN Zum Schneiden von Blüten und Blättern verwenden Sie besser Baum-und Floristenscheren mit gezahnten Schneiden als normale Scheren, mit denen Sie die Stiele leicht zerdrücken und beschädigen können. Floristenscheren mit einer Vorrichtung zum Drahtschneiden können auch dazu verwendet werden, Dornen zu entfernen und Rinden zu schälen.

PLASTILIN, FLORISTENTON, BINDFADEN, DRAHT UND KLEBEBAND All dieses Zubehör wird zum Befestigen und Stabilisieren der mechanischen Hilfsmittel für ein Blumengesteck benötigt. Wenn Plastilin oder Ton verwendet wird, müssen alle Oberflächen trocken sein, da die beiden Materialien sonst nicht fest haften.

ZERSTÄUBER UND GIESSKANNE Um den Steckschaum und die Blumen feucht zu halten, sollte man sie einmal am Tag mit einem Zerstäuber besprühen. Halten Sie ihn direkt über das Gesteck, damit sich der feine Nebel ganz natürlich auf Blätter und Blüten verteilen kann. Mit einer Gießkanne mit einem langen, dünnen Ausguß läßt sich Wasser in die Vasen nachfüllen, ohne daß man dabei das Arrangement beschädigt.

FLORISTENPHIOLE Das sind kleine Plastik- oder Metallgefäße, in denen nur ein einzelner Stiel Platz hat. Sie können auch dazu verwendet werden, kurzstielige Blumen in einem Bouquet aus vorwiegend langstieligen Blumen geschickt unterzubringen.

MOOS Sie können es beim Blumenhändler kaufen oder aus Ihrem eigenen Garten holen. Vor dem Gebrauch muß es sich mit Wasser vollsaugen und naß in einem luftdicht verschlossenen Plastiksack aufbewahrt werden. Mit Moos lassen sich auf hübsche Art und Weise häßliche mechanische Hilfsmittel eines Blumenarrangements verkleiden.

Die silbergraue Art des Flechtmooses eignet sich besonders gut für Winterarrangements. Häufig wird es deshalb in Gestecken aus getrockneten Blumen verwendet. Wenn es sich mit Wasser vollsaugt, wird es gummiartig und formbar.

GEFÄSSE

Ein schönes Arrangement muß immer mit seinem Gefäß eine harmonische Einheit bilden. Um das zu erreichen, kann eigentlich jedes Gefäß verwendet werden – angefangen von einem Eierbecher bis hin zu einem Familienerbstück aus Kristall.

Es ist nützlich, ein gutes Grundsortiment an Vasen zu besitzen. Dazu gehören eine hohe, schmale Vase für einzelne Blütenstiele, ein oder zwei flache Gefäße für Tischarrangements und einige hohe, große Vasen für größere Sträuße. Wichtig ist auch ein Gefäß, in das dicke, schwere Stiele und Blütenzweige im Frühjahr und große getrocknete Arrangements passen.

Vasen aus Porzellan und Keramik sind besonders wertvoll. Sie bedürfen vor dem Gebrauch keiner besonderen Vorbereitung. Seien Sie aber vorsichtig mit stark gemusterten Vasen. Sie passen nämlich nicht zu allen Blütenfarben.

Glasgefäße müssen immer tadellos saubergehalten werden. Wechseln Sie möglichst oft das Wasser, damit sich keine Bakterien bilden. Entfernen Sie alle Blätter, die im Wasser stehen. Legen Sie Kieselsteine oder Murmeln in ein Glasgefäß, um die Stiele festzuhalten.

Achten Sie darauf, ob Gefäße aus Metall vollständig wasserdicht sind, und entfernen Sie hartnäckige Flecken mit Zitronensaft und Salz oder Essig und Salz. Waschen Sie die Metallgefäße gründlich ab, bevor Sie sie benutzen. Verwenden Sie möglichst plastikbeschichteten Hühnerdraht oder Steckschaum zum Festhalten und Stützen eines Arrangements, damit das Metall nicht verkratzt wird.

Um Gefäße aus Holz und Korbgeflecht wasserdicht zu machen, legen Sie sie mit Silberfolie oder feuchtem Schaum aus und stellen speziell für diesen Zweck gekaufte Gefäße oder einfache Plastikgefäße aus der Küche hinein.

ANFERTIGUNG EINES ARRANGEMENTS

Bevor Sie mit dem Arrangieren Ihrer Blumen beginnen, denken Sie über die Stimmung nach, die Sie erzeugen wollen, und überlegen sich, welche Blumen und Gefäße Sie zur Verfügung haben und wo das fertige Arrangement stehen soll. Es gibt zwar allgemeine Richtlinien, nach denen Sie formal strenge Arrangements in verschiedenen Formen anfertigen können. Sie sind aber inzwischen unmodern geworden. Verlassen Sie sich also auf Ihre eigene Phantasie.

GRÖSSE Ein Gefühl für Proportionen, nicht nur im Hinblick auf das Arrangement selbst, sondern auch hinsichtlich seines Standorts und des Blickwinkels, unter dem es betrachtet wird, ist der Schlüssel zum Erfolg. Es ist natürlich klar, daß ein Gesteck (oder Strauß) ziemlich groß und dekorativ sein muß, wenn es als Blickfang auf größere Entfernung dienen soll. Bei einem solchen Gesteck spielen feine Farbnuancen eine untergeordnete Rolle. Ein kleiner Strauß aber, den man ganz aus der Nähe betrachten sollte, muß viel subtiler sein.

Begutachten Sie die Höhe des Gefäßes und den Winkel, aus dem Sie das Arrangement betrachten werden. Wenn die Vase hoch ist und von der Seite angeschaut wird, sollten die Blumen ungefähr anderthalbmal so hoch wie das Gefäß sein, da das Arrangement sonst zu gedrungen wirkt. Wenn die Vase am Boden stehen und von oben betrachtet werden soll, können die Blumen im Verhältnis zur Vase kürzer sein. Dasselbe gilt für Vasen mit breiterer Öffnung.

Betrachten Sie beim Arrangieren das Gesteck mehrmals und in verschiedenen Abständen aus dem Winkel, aus dem es an seinem endgültigen Platz gesehen werden soll, und Ihr Instinkt wird Ihnen sagen, ob die Proportionen stimmen. Falls Sie nicht gleich mit einem sehr großen Arrangement beginnen wollen, können Sie mit der Gruppierung verschiedener Vasen mit kleineren Sträußen eine genauso großartige Wirkung erzielen.

Den natürlichen Linien folgen Beobachten Sie genau, wie die Blumen, die Sie in einem Arrangement verarbeiten wollen, im Garten wachsen. Nutzen Sie lieber ihre natürlichen Formen, als sie in unnatürliche, steife Positionen zu zwingen.

Verwenden Sie für den Hintergrund eines Arrangements Blumen, die ganz natürlich aufrecht wachsen, wie Rittersporn, Lupinen, Stockrosen, Iris und Bärenklau. Blumen mit schweren, ausdrucksvollen Blütenköpfen, wie Rosen und Pfingstrosen, müssen in der Mitte eines großen Arrangements untergebracht werden. Sie lenken das Auge ganz natürlich auf sich. Wenn sie an den Rand gesteckt werden, gerät das Arrangement nicht nur ästhetisch, sondern auch praktisch aus dem Gleichgewicht. Mit Stielen, die sich biegen oder Ranken bilden – zum Beispiel Efeu, kleinblütige Clematis oder Zweige mit winzigen Rosenblüten –, läßt sich vorzüglich der Vordergrund eines Arrangements füllen.

Damit Ihr Arrangement eine gewisse Tiefe erhält, verwenden Sie Blütenstiele in verschiedenen Längen. Wenn alle Blütenköpfe auf gleicher Höhe sind, wirkt das Arrangement zweidimensional. Profitieren Sie von den natürlichen Längenunterschieden.

In der Hand bündeln Am einfachsten ist vielleicht die Anfertigung eines natürlichen Straußes, in dem sich die Blumen frei in alle Richtungen neigen dürfen. Das erreichen Sie am besten, wenn Sie die Blumen zunächst in der Hand bündeln. Nach der gleichen Methode können Sie Biedermeiersträuße binden, die immer wieder ein hübsches Geschenk sind.

Damit Ihr Strauß ein natürliches Aussehen bekommt, müssen Sie die einzelnen Blütenstiele spiralförmig in der Hand bündeln, indem Sie sie nacheinander in einer leichten Schrägstellung übereinanderlegen und das Bündel dabei immer etwas drehen. Wenn der Strauß fertig ist, schneiden Sie die Stielenden ab, binden ihn mit Bindfaden zusammen oder stekken ihn in eine Vase mit relativ schmalem Hals, wobei Sie die Stiele etwas zusammendrücken. Der Strauß fällt dann ganz natürlich auseinander. Wenn Sie die Stiele nicht wie eine Spirale übereinanderlegen, stehen sie steif und aufrecht in der Vase. Für diese Technik brauchen Sie aber ein wenig Übung.

Pflege Stellen Sie Ihr Arrangement an einen möglichst kühlen Platz, an dem es keinen Zug bekommen kann. Welkende Blumen lassen sich oft auf leichte Weise zu neuem Leben erwecken, indem man sie noch einmal abschneidet und in der oben beschriebenen Weise ordnet. Besprühen Sie Ihr Arrangement jeden Tag mit Wasser, um den durch die Heizung verursachten Feuchtigkeitsverlust zu ersetzen. Schneiden Sie alle verwelkten Blütenköpfe heraus. Wechseln Sie möglichst jeden Tag das Wasser. Zusätzliche Frischhaltemittel können überdies ihr genaues Gegenteil bewirken und das Wasser faulig machen.

Blumen trocknen

Fast alle Blumen und Blätter können auf irgendeine Art und Weise konserviert werden. Pflücken Sie Blumen, die getrocknet werden sollen, an einem trockenen Tag. Wenn es etwas naß ist oder Tau auf Blüten und Blättern liegt, brauchen sie etwas länger zum Trocknen; je schneller sie aber trocknen, um so intensiver bleiben die Farben. Die Blüten sollten nach dem Trocknen möglichst makellos sein. Sammeln Sie fehlerlose, schön geformte Blätter im Spätsommer, bevor sie sich zu färben beginnen.

Es gibt drei grundlegende Trockenverfahren: Lufttrocknung, Trocknen mit wasseraufnehmenden Pulvern und Trocknen mit Glyzerin. Für alle diese Methoden benötigen Sie nur wenige Hilfsmittel, dafür aber viel Geduld und eine Menge Platz.

Lufttrocknung

Trocknen Sie Ihr Pflanzenmaterial in einem kühlen, trockenen, dunklen Raum – ein Speicher, ein Gästezimmer oder eine trockene Garage sind gut geeignet. Direktes Sonnenlicht bewirkt, daß die trocknenden Blumen ihre Farben verlieren, und Feuchtigkeit verursacht Mehltau.

Hängend trocknen Mit dieser Methode lassen sich problemlos viele Blumen auf einmal trocknen. Entfernen Sie alle Blätter am unteren Teil der Stiele und wischen Sie sie trocken. Bündeln Sie die Stiele, aber achten Sie darauf, daß sich die Blütenköpfe so wenig wie möglich berühren. Hängen Sie die einzelnen Bündel an einem Balken oder einer Schnur auf, die Sie durch den Trockenraum gespannt haben. Prüfen Sie immer wieder nach, wie weit der Trockenprozeß fortgeschritten ist. Die Lufttrocknung kann sich von drei Wochen bis zu drei Monaten hinziehen. Die Stiele müssen vollständig trocken sein, bevor Sie sie abnehmen. Nicht vollständig getrocknete Blumen zersetzen sich schnell.

Diese Methode ist für folgende Blumen geeignet: Bärenklau, Frauenmantel, Schafgarbe, *Amaranthus caudatus,* Astilben, Sterndolden, Ringelblumen, Dahlien, Rittersporn, Schleierkraut, Strohblume, Hortensien, Lavendel, Silberpfennig, Statice, Wollziest, Jungfer im Grünen, Pfingstrosen, Lampionblume, Ranunkeln, Salbei und die Papierblume.

Aufrecht trocknen Hortensien sowie viele Samenstände und Gräser lassen sich am besten aufrecht trocknen. Schneiden Sie die Pflanzen in möglichst trockenem

Zustand. Füllen Sie ein hohes Gefäß, in dem die Pflanzen guten Halt haben, 1 cm hoch mit Wasser. Stellen Sie die Stiele aufrecht hinein, und lassen Sie sie so lange stehen, bis das Wasser verdunstet ist oder sich die Stiele vollständig trocken anfühlen.

Diese Methode eignet sich für: Schafgarbe, *Amaranthus caudatus,* Schleierkraut, Hortensien, Silberpfennig, Rosen und Santolinen.

Liegend trocknen Viele Blätter, vor allem solche von sommergrünen Pflanzen, lassen sich am besten flach in einem Karton oder auf einem sauberen Boden trocknen. Das gleiche gilt für größere Blütenköpfe wie Artischocken, Disteln, *Protea* oder Mais, die auf Draht gezogen werden.

Wasseraufnehmende Pulver

Mit diesen Pulvern kann man den Blütenblättern und Blütenkelchen die Feuchtigkeit entziehen, dabei aber ihre Formen und Farben und manchmal sogar ihren Duft nahezu unverändert erhalten.

Silikagel Dieses Pulver ist normalerweise in Chemikalienhandlungen und Läden für Floristenzubehör erhältlich. Es ist das teuerste wasseraufnehmende Pulver, kann aber wiederverwendet werden. Silikagel gibt es in verschiedenen Ausführungen – entweder als grobkörnige Kristalle oder wie feiner weißer Zucker. Die Kristalle sind manchmal mit einem blauen/rosa Feuchtigkeitsindikator gefärbt, d. h., sie sind blau, wenn sie vollständig trocken sind, und färben sich rosa, wenn Feuchtigkeit absorbiert wurde. Dadurch läßt sich besser feststellen, ob die Blumen vollständig durchgetrocknet sind. Aber mit ein bißchen Erfahrung werden Sie durch leichtes Berühren der Blütenblätter selbst wissen, ob die Pflanzen aus dem Pulver genommen werden können. Mit dem feinkörnigen Pulver können Sie bessere Ergebnisse erzielen; die gröberen Kristalle lassen sich aber gut in einem Mixer oder einer Kaffeemühle mahlen. Um das Pulver nach dem Gebrauch wieder zu trocknen, verteilen Sie es auf einem Backblech und schieben es für 1 bis 2 Stunden in den warmen Ofen.

Borax und Alaunpulver Normalerweise vermischt man diese Trocknungsmittel mit feinem Sand – 2 Teile Sand auf 1 Teil Borax oder Alaunpulver. Sehr empfindliche oder fleischige Stiele können unter dem Gewicht des Sandes beschädigt werden, und fleischige Blüten werden in Borax manchmal schimmelig.

Anwendung Geben Sie in eine luftdicht verschließbare Metalldose oder ein Plastikgefäß eine ungefähr 2,5 cm hohe Schicht Trocknungsmittel. Legen Sie die Blütenköpfe – die Gesichter nach oben – vorsichtig in das Pulver, und achten Sie darauf, daß sie sich gegenseitig nicht berühren. Bedecken Sie die Blüten behutsam mit dem restlichen Pulver. Verteilen Sie das Pulver mit einer feinen Bürste sorgfältig zwischen den Blütenblättern, und vergewissern Sie sich, daß alle Blütenteile vollständig bedeckt sind.

Die schönsten Trockenblütenexemplare erhalten Sie, wenn Sie die Stiele entfernen und die Köpfe mit einem Draht versehen. Falls Sie aber die natürlichen Stiele erhalten wollen, bohren Sie kleine Löcher in den Boden des Gefäßes und stecken die Stiele hindurch, so daß die Blütenköpfe direkt auf den Trocknungsmitteln liegen. Stellen Sie das Gefäß auf einen Pappkarton, damit die Stiele frei herunterhängen.

Diese Methode eignet sich für folgende Blumen: Alstroemerien, Amaryllis, Ringelblumen, Kamelien, Clematis, Dahlien, Nelken, Freesien, Christrosen, Lilien, Narzissen, Pfingstrosen, Salomonssiegel, Primeln, Ranunkeln, Rosen, Rudbeckien, Skabiosen, Tulpen, Veilchen und Zinnien.

Glyzerin

Mit dieser Methode werden Blüten und Blätter nicht ausgetrocknet. Statt dessen wird das Wasser in der Pflanze durch eine Glyzerinlösung ersetzt. Die Pflanzen bleiben bei dieser Methode geschmeidig und fühlen sich etwas fettig an. Laub läßt sich auf diese Weise am besten konservieren. Schneiden Sie im Spätsommer Zweige mit ausgereiftem Sommerlaub, bevor es sich zu färben beginnt.

Zerdrücken Sie holzige Stiele, und schälen Sie die Rinde ab. Entfernen Sie alle beschädigten oder zu dicht beieinanderstehenden Blätter.

Bereiten Sie eine Lösung aus 1 Teil Glyzerin und 2 Teilen sehr heißem Wasser. Mischen Sie sie gut. Geben Sie noch einen Viertel Teelöffel mit Chlorhexidin hinein, um Bakterienbildung zu vermeiden. Füllen Sie ein zylindrisches Gefäß 5 cm hoch mit der Lösung, und stellen Sie einen oder mehrere Stiele hinein.

Plazieren Sie das Gefäß an einem kühlen, dunklen Ort. Schauen Sie regelmäßig nach, ob noch genügend Glyzerinlösung im Behälter ist – sonst muß nachgefüllt werden. Die zum Aufnehmen der Glyzerinlösung benötigte Zeit hängt stark von der Pflanzenart ab. Sie variiert zwischen einer und zehn Wochen. Der Konservierungsprozeß ist beendet, wenn alle Blätter die Farbe gewechselt haben und allmählich Glyzerinperlen auf den Blattoberflächen erscheinen. Nehmen Sie die Stiele aus der Lösung, waschen Sie sie gründlich unter fließendem Wasser ab, und klopfen Sie sie mit einem Geschirrtuch oder etwas Küchenkrepp ab. Einzelne Blätter können konserviert werden, indem man sie in eine etwas kräftigere Lösung taucht.

Heben Sie die mit Glyzerin konservierten Blätter nicht zusammen mit Pflanzen auf, die mit wasseraufnehmenden Pulvern getrocknet wurden. Die Feuchtigkeit des Glyzerins kann sie verderben.

Diese Methode eignet sich für folgende Pflanzen: Buche, Orangenblume *Choisya,* Eukalyptus, Ilex, Funkien, Hortensien, Efeu, Mahonien, Muschelblume *Molucella laevis* und Salomonssiegel.

Blumen zum Trocknen auf Draht zieheh

Wenn ein Blütenstiel zu empfindlich, zu dick oder zu kurz ist, kann man ihn mit Draht stützen oder einen künstlichen Drahtstengel anfertigen. Diese Arbeit kann man vor oder nach dem Trockenprozeß ausführen.

Wählen Sie immer einen Draht aus, der natürlich aussieht, sich gut biegen läßt und kräftig genug ist, um die Blütenköpfe zu halten. Umwickeln Sie den Drahtstiel mit Floristenband. Wenn der Blütenkopf schwer ist, verstärken Sie den Stiel mit einem kleinen Rohrstock und wickeln beide mit Draht zusammen. Blüten mit einer festen, flachen Mitte, wie zum Beispiel Strohblumen, lassen sich auf Draht ziehen, indem man das Ende eines Stücks steifen Drahts zurechtbiegt und durch den Blütenboden schiebt.

INDEX

Danksagung

Folgenden Fotografen und Organisationen gilt unser Dank für ihre freundlichen Abdruckgenehmigungen:

2 Linda Burgess/Insight; 10–11 Jerry Harpur (The Priory, Kemerton); 14 oben Photos Horticultural; 14 unten Harry Smith Collection; 15 Lamontagne; 18 Jerry Harpur (Jenkyn Place, Bentley, Somerset); 19 Tania Midgley; 20 oben Tania Midgley; 20 unten George Wright/Octopus; 21 Jerry Harpur (Tintinhull House, Somerset); 22 Tania Midgley; 23–26 Lamontagne; 27 Andrew Lawson; 28 Jacqui Hurst; 29 Lamontagne; 30 Philippe Perdereau; 31 links Tania Midgley; 31 rechts Hugh Palmer (Harlow Car Gardens); 36 Garden Picture Library/Ron Sutherland; 37 Lamontagne; 42–43 Philippe Perdereau; 44 Marijke Heuff; 45 Philippe Perdereau; 46 Jacqui Hurst; 47 oben Philippe Perdereau; 47 Mitte Jerry Harpur (Designer: Ken Akers, Great Saling); 47 unten Eric Crichton; 53 Lamontagne; 80 oben Linda Burgess/Insight; 81 Linda Burgess/Insight; 88–89 La Maison de Marie Claire (Hussenot/Puech); 100–101 Garden Picture Library/Ron Sutherland; 102 oben Eric Crichton; 102 unten Photos Horticultural; 103 links Derek Gould; 103 Mitte und rechts Photos Horticultural; 104 links Photos Horticultural; 104 Mitte Eric Crichton; 104 rechts Lamontagne; 105 links Lamontagne; 105 Mitte Harry Smith Collection; 105 rechts Photos Horticultural; 106 links MAP/Annette Schreiner; 106 Mitte und rechts Eric Crichton; 107 links Photos Horticultural; 107 Mitte Eric Crichton; 107 rechts Photos Horticultural; 108 links Andrew Lawson; 108 Mitte MAP/Annette Schreiner; 108 rechts Lamontagne; 109 links und Mitte Eric Crichton; 109 rechts Lamontagne; 110 links und Mitte Eric Crichton; 110 rechts Lamontagne; 111 links Lamontagne; 111 Mitte Photos Horticultural; 111 rechts MAP/Annette Schreiner; 112 links Derek Gould; 112 Mitte und rechts Tania Midgley; 113 links und rechts oben Photos Horticultural; 113 rechts Mitte Tania Midgley; 113 rechts unten Eric Crichton; 114 links Eric Crichton; 114 Mitte Andrew Lawson; 114 rechts Photos Horticultural; 115 links Photos Horticultural; 115 Mitte Eric Crichton; 115 rechts Photos Horticultural; 116 links und Mitte Lamontagne; 116 rechts Photos Horticultural; 117 links Photos Horticultural; 117 Mitte Eric Crichton; 117 rechts Lamontagne; 118 links und Mitte Eric Crichton; 118 rechts Andrew Lawson; 119 links Eric Crichton; 119 Mitte Tania Midgley; 119 rechts MAP/Annette Schreiner; 120 links Eric Crichton; 120 Mitte und rechts Lamontagne; 121 links Photos Horticultural; 121 Mitte Karl Dietrich Buhler/Elizabeth Whiting & Associates; 121 rechts Photos Horticultural; 122 links Tania Midgley; 122 Mitte Andrew Lawson; 122 rechts Lamontagne; 123 links und rechts Andrew Lawson; 123 Mitte Photos Horticultural.

Spezialfotografie – Linda Burgess 1, 6–7, 8, 13, 56–75, 76–79, 80 unten, 82–83, 85–87, 92–99, 124–5; Jacqui Hurst 76 links, 84, 90–91.

Blumenarrangements

Mit Ausnahme der unten aufgeführten wurden alle Blumenarrangements von Linda Burgess kreiert.

56–57 Fiona Barnett; 60 unten Rosemary Verey; 62 Rosemary Verey; 64 unten Fiona Barnett; 72–75 Fiona Barnett; 76 Ernestine Dyer; 77 Fiona Barnett; 82–84 Fiona Barnett; 88–89 La Maison de Marie Claire; 90 oben Jacqui Hurst; 90 unten Ernestine Dyer; 91 Jacqui Hurst; 92–93 Fiona Barnett; 96–97 Fiona Barnett; 98 Ernestine Dyer; 99 oben und unten links Ernestine Dyer; 99 unten Mitte Rosemary Verey.